Christian Dose

Kanada

IM WOHNMOBIL

Vorbereitung | Fahrzeuge
Expertenwissen | Routen

360° medien

IMPRESSUM

Kanada im Wohnmobil – Vorbereitung, Fahrzeuge, Expertenwissen, Routen
Christian Dose

Nachtigallenweg 1 I 40822 Mettmann
info@360grad-medien.de I 360grad-medien.de

Redaktion und Lektorat: 360° medien

Satz und Layout: Elke Gräfe

Gedruckt und gebunden:
LUC GmbH I Hansaring 118 I 48268 Greven I luc-medienhaus.de

Bildnachweis: siehe Seite 288
Sicherheitshinweis: siehe Seite 288

ISBN: 978-3-96855-507-2
Hergestellt in Deutschland

360grad-medien.de

Christian Dose

Kanada

IM WOHNMOBIL

Vorbereitung | Fahrzeuge
Expertenwissen | Routen

360° medien

VORWORT

Leise rauschen die Wellen des Meeres, während die Sonne langsam untergeht und auf dem Grill das Abendessen brutzelt. Und wenige Stunden später lässt sich das erste Tageslicht am Strand bequem aus dem rollenden Ferienheim genießen. Was könnte es Schöneres geben, als mit einem Wohnmobil die unvergesslichen Landschaften Kanadas zu genießen?

Ein Urlaub mit einem RV (Recreational Vehicle) oder Motorhome, wie es die Kanadier auch gerne nennen, steht für Freiheit, Abenteuer und Naturgenuss. Vielleicht die schönste Art, das zweitgrößte Land unserer Erde zu erleben. Ob Schwarzbären oder schneebedeckte Berggipfel, Wale oder Wanderwege, Kultur oder Kanutouren: Alles, was uns Reisende an Kanada fasziniert, lässt sich bequem und individuell mit dem Wohnmobil erreichen. Ungezählte Campingplätze – von einfachen Anlagen in der Natur bis hin zu komfortablen Plätzen samt beheizten Pools und Minigolfanlagen – finden sich im ganzen Land. Die Infrastruktur ist perfekt ausgebaut, von der Lebensfreude und der Hilfsbereitschaft der Kanadier ganz zu schweigen. Individueller lässt sich die imposante Landschaft wohl nicht genießen und erkunden.

Doch wie lässt sich der Traum von einer Wohnmobilreise durchs Ahornland am besten verwirklichen? Damit ein Roadtrip mit dem RV tatsächlich unvergesslich wird, liefert dieses Buch viel Wissenswertes. All Ihre Fragen rund um eine Reise mit dem Wohnmobil werden auf 288 Seiten beantwortet, ergänzt um Fotos von vielen einzigartigen Campingplätzen und Sehnsucht weckenden Reisezielen. Im ersten Teil des Buches finden Sie praktische Informationen für Ihren Roadtrip. Fallstricke bei der Planung werden aufzeigt und die unterschiedlichen Typen von Wohnmobilen vorgestellt. Schließlich kommt der große Moment, wenn das Eigenheim auf Zeit abgeholt wird. Weiter geht es mit dem „ersten Mal“: die ersten Kilometer, der erste Einkauf, die erste Nacht. Es folgen viele Empfehlungen für den Alltag im Wohnmobil, on the road und auf dem Campingplatz.

Kanadische Campingidylle

Und welches ist nun der schönste Roadtrip? Im zweiten Teil dieses Buches können Sie auf zehn ausgewählten Routen schon einmal gedanklich voraus reisen: von Vancouver Island und den Rocky Mountains über die Weiten des hohen Norden bis zu den Nationalparks im östlichen Kanada.

Bei so viel Auswahl und Inspirationen fällt die Entscheidung schwer. Doch seien Sie unbesorgt: einmal Wohnmobil, immer wieder Wohnmobil! Und eines werden Sie ohnehin unterwegs schnell merken: Innerhalb weniger Tage werden Sie zum Wohnmobil-Experten. Und wenn abends das Dinner im offenen Feuer oder auf dem Grill brutzelt und sich kanadisches Wildlife beobachten lässt, dann spüren Sie es: das Gefühl von Freiheit und Abenteuer!

Viel Spaß beim Lesen, Planen und Campen wünscht

Christian Dose

INHALTSVERZEICHNIS

Stellplatz am See mit sehenswerter Aussicht

Hinweise:

Aus Gründen der besseren Lesbarkeit wird auf eine geschlechtsneutrale Differenzierung verzichtet. Entsprechende Begriffe gelten im Sinne der Gleichbehandlung grundsätzlich für alle Geschlechter. Die verkürzte Sprachform beinhaltet keine Wertung.

Teil 1: Service

Ruhiger Platz fürs Campen am Tarfu Lake im Yukon Territory

1. Roadtrip planen

Eine Tour mit dem Wohnmobil ist vielleicht die schönste Art, Kanada zu entdecken und zu erleben. Viel Freiheit, Abenteuer und Individualität pur: Dafür steht ein Roadtrip mit einem RV. Doch welches Wohnmobil passt am besten zu mir? Worauf sollte ich bei der Abholung achten? Wo bekomme ich Frischwasser? Auf alle wichtigen Fragen finden Sie in den zehn Kapiteln des ersten Abschnittes die passenden Antworten – von der Planung einer Reise mit dem Wohnmobil über die Abholung und den Alltag bis zur Abgabe. Wer im Vorfeld ansatzweise plant und sich auch der Frage „Campingplatz vorbuchen oder nicht“ widmet, kann seinen Urlaub noch mehr genießen. Der Traum vom Trip mit dem Wohnmobil wird wahr!

Hinweise:

- Alle Preise sind ohne Mehrwertsteuer angegeben.
- Bei Campingplätzen in National und Provincial/Territorial Parks fällt neben den angegebenen Kosten für einen Stellplatz noch eine Eintrittsgebühr an.

Übernachten in farbenfroher Natur

1. ROADTRIP PLANEN

Natürlich lässt es sich mit dem Wohnmobil ungezwungen und mit viel persönlicher Freiheit cruisen. Bequeme Betten sowie Küche und Dusche sind schließlich immer an Bord und ermöglichen viel Freiraum für eine individuelle Reise. Doch auch wer Kanada bei einem Roadtrip mit einem sogenannten RV (Recreational Vehicle) oder Motorhome erleben möchte, sollte sich vorab einige Gedanken zur geplanten Tour machen: Welcher Monat ist für eine bestimmte Region besonders gut geeignet? Wie lang ist die Route? Sind beispielsweise Reservierungen für Nationalparks nötig oder Straßen zuweilen gesperrt? Lässt es sich in Großstädten gut parken?

Und nicht zu vergessen: Gerade bei einer Tour mit dem Wohnmobil sollten Urlauber nicht zu viele Kilometer, Stopps und Besichtigungen einplanen. Auch wenn moderne und PS-starke Fahrzeuge die gleiche Höchstgeschwindigkeit wie ein Pkw erreichen, so sehr unterscheiden sich die Fahreigenschaften, etwa beim Beschleuni-

Tierische Begegnung auf dem Campingplatz

gen oder in Kurven, und sind dadurch insgesamt langsamer. Zudem kosten notwendige und regelmäßige Pflichten Zeit (beispielsweise Brauchwasser leeren und Frischwasser auffüllen). Wer also möglichst schnell von A nach B – gerade bei Großstädten – kommen möchte, bucht besser Mietwagen und Motel bzw. Hotel. Mit dem Wohnmobil hingegen gilt eher: Der Weg ist das Ziel.

1.1 Beste Reisezeit

Urlaub im Wohnmobil ist in Kanada in vielen Monaten möglich, vor allem zwischen Juni und September. Natürlich verspricht eine Tour im Hochsommer die besten Chancen auf gutes Wetter. Doch auch im Frühjahr, wenn in den Rocky Mountains der Schnee langsam schmilzt und die Seen tauen, ist eine Reise im rollenden Eigenheim reizvoll – ebenso im Herbst in den östlichen Landesteilen, wenn während der Fall Foliage die Wälder bunt strahlen. Manche Reisende loben auch Mai und Juni für einen Trip durch den Yukon: Die Natur blüht auf, es sind weniger Reisende unterwegs und die Preise tendenziell niedriger. Und ab Ende August wiederum stehen im Norden die Chancen gut, Polarlichter zu bestaunen!

On the Road – auf dem Haines Highway im Yukon Territory

Wichtig: Niemand sollte sich von einer Reise nach Kanada wegen möglicher Waldbrände abhalten lassen. Es gibt so viel zu entdecken, dass sich schnell eine Alternative findet, wenn das gewünschte Ziel für einige Tage gesperrt wird oder Umwege gefahren werden müssen.

Anders als in den USA ist Kanada für eine Reise im RV in der kalten Jahreszeit aufgrund der klimatischen Verhältnisse tendenziell weniger geeignet. Hinzu kommt: Um das Wohnmobil vor Frostschäden zu schützen, werden diese im Regelfall winterfest gemacht. Dazu wird das Wasser abgelassen und teilweise durch Frostschutz ersetzt. Somit gibt es kein fließend Wasser in der Küche sowie im Bad. Ausnahme: Mit Frostschutzmittel dürfen Toiletten benutzt werden. Zumindest Heizung, Kühlschrank und Herd funktionieren wie gewohnt. Zudem sind zwischen Ende Oktober und Ende April viele Campingplätze geschlossen sowie viele Aktivitäten nicht mehr möglich. Auch Fähren fahren teilweise nicht mehr, beispielsweise in Ontario zwischen der Bruce Peninsula und Manitoulin Island.

Mögliche Reisezeiten für einen Wohnmobiltrip

Region	Besonders geeignet im
Osten: Ontario, Québec, Nova Scotia, Newfoundland	Juni bis Ende Oktober; Mai und Juni oft sehr regnerisch
Westen: British Columbia und Alberta	Juni bis September; aber Schnee schon im September oder noch im Mai möglich
Norden: Yukon und Northwest Territories	Juli und August
Inland: Saskatchewan und Manitoba	Juli und August

Leuchtende Farben im herbstlichen Ost-Kanada

1.2 Streckenlänge und Fahrtzeiten

Natürlich möchte ein jeder in seinen Ferien möglichst viel sehen und erleben. Doch gerade bei Reisen mit dem Wohnmobil sollten Urlauber nach dem Motto „Weniger ist mehr" planen! Sonst laufen Reisende schnell Gefahr, Land und Leute nur vom motorisierten Ferienheim aus zu erleben.

Wie viele Kilometer kann man aber denn nun pro Tag „schaffen"? Wie weit und lang die täglichen Etappen ausfallen, hängt natürlich auch von persönlichen Vorlieben und Erfahrungen ab. Als Faustformel für die Planung empfiehlt es sich, im Regelfall nicht mehr als durchschnittlich 250 bis 300 Kilometer bzw. rund vier bis fünf Stunden reine Fahrzeit pro Tag Wohnmobilmiete einzuplanen, wobei die Tage der Übernahme und Rückgabe besser nicht mitzählen. So kann es Tage mit nur 100 Kilometern geben, aber auch vereinzelt mit bis zu 400 oder 500 Kilometern. Tagesstecken von 600 Kilometern sollten die Ausnahme bleiben. An anderen Tagen wiederum bleibt das RV stehen oder wird nur wenig innerhalb eines Schutzgebiets bewegt.

Beispiel: Bei einer Mietdauer von 14 Tagen sind also beispielsweise rund 3000 bis 3500 Kilometer einigermaßen stressfrei machbar, wenn wie empfohlen der erste und der letzte Tag nicht eingerechnet werden. Hinzu kommt: Mehr noch als bei einer Tour mit dem Auto lohnt es sich, nicht nur eine Nacht an einem Ort zu verweilen. So wechseln sich idealerweise Fahrtage, dann entsprechend mit längerer Strecke, mit längeren Aufenthalten an einem Ziel ab. So könnte man beispielsweise an einem Tag von Whitehorse zum Kathleen Lake im Kluane National Park fahren ein. Dann bleibt viel Zeit, an einem ganzen Tag das einzigartige Schutzgebiet zu erkunden. Abgesehen von den Kilometern im Park ersparen sich Traveller an dem Tag die Fahrerei zum nächsten Ziel, ehe es am nächsten oder übernächsten Tag weitergeht – beispielsweise nach Haines oder Tok in Alaska.

1.3 Grobe Routenplanung

Wenn die geplante Reiseregion feststeht, kann die tatsächliche Streckenplanung beginnen. Die Vorfreude steigt – kein Wunder, dass auch die Vorbereitungen für viele Reisende zum Urlaubsvergnügen dazu zählen. Zwar empfiehlt es sich, nicht jeden Tag konkret zu planen. Doch eine grobe Zeiteinteilung zahlt sich aus, um unliebsame Überraschungen wie saisonal gesperrte Straßen und Reservierungspflichten für Nationalparks sowie weitere beliebte Plätze möglichst nicht zu übersehen.

Zur Planung bieten sich natürlich Onlinedienste und Apps wie GoogleMaps an. Für einen ersten Überblick können aber auch eine Landkarte und die passende Zahl an Spielsteinen – für jeden Reisetag beispielsweise eine Figur von „Mensch ärgere Dich nicht" – herangezogen werden.

Anreise

Zunächst sollte die Anreise zum Ort der Wohnmobilabholung geklärt werden: Populäre Ziele wie Toronto, Calgary oder Vancouver werden jeden Tag von Deutschland aus nonstop angeflogen. Andere beliebte Orte wie beispielsweise Halifax hingegen lassen sich per Nonstopflug nur an ausgewählten Tagen erreichen. Und da ein Nonstopflug erheblich komfortabler ist, können mögliche Flugtage die Reiseroute stark beeinflussen.

Hinzu kommt: Aus versicherungstechnischen Gründen darf ein Wohnmobil erst einen Tag nach einem internationalen Langstreckenflug übernommen werden. Wer donnerstags landet, kann also erst freitags sein rollendes Heim abholen. Zudem sollten zwei weitere Faktoren bei der Planung berücksichtigt werden: Viele Stationen sind an Samstagen und/oder Sonntagen nicht geöffnet. Und die Abholung ist meist nur nachmittags möglich – lediglich bei einigen Vermietern ist es möglich, gegen Aufpreis das Fahrzeug schon vormittags abzuholen (Details zur Abholung siehe Kapitel 3). Die Rückgabe wiederum muss im Regelfall vormittags erfolgen. Ein Abstecher in die USA ist meist problemlos möglich. Allerdings kann das Fahrzeug trotzdem nur in Kanada zurückgegeben werden. Beachtet werden müssen meist nur die jeweiligen Einreiseregeln.

Roundtrip oder One-Way?

Ebenfalls von grundsätzlicher Bedeutung für die Planung: Ist eine Rundreise angedacht? Oder wird das Wohnmobil an einem anderen Ort als am Anmiete-Ort zurückgegeben?

Bei einer Rundreise entfallen die zusätzlichen Kosten für die sogenannte Einwegmiete. Diese Gebühr kann je nach Anbieter und Entfernung bis zu 1000 Dollar betragen. Je nach Region, Reisedauer und avisierten Zwischenstopps kann es jedoch sinnvoll sein, von A nach B zu reisen und das Fahrzeug an einem anderen Ort wieder abzugeben. So kann es sich beispielsweise bei einer Tour durch den Westen anbieten, das Fahrzeug in Vancouver abzuholen und in Calgary wieder abzugeben. Bei Rundreisen durch Ontario (ab/bis Toronto) oder den Yukon samt Alaska (ab/bis Whitehorse) kann hingegen problemlos auf die teure Einwegmiete verzichtet werden (konkrete Routenempfehlungen siehe Teil B). Tipp: Zuweilen offerieren die Verleiher sogenannte „Einweg-Specials“ mit reduzierten Gebühren – allerdings sind dann Zeitraum und Routenführung vorgegeben. Damit soll sichergestellt werden, dass zu Saisonanfang und -ende ausreichend Fahrzeuge an allen Depots zur Verfügung stehen. **Wichtig:** Eine Einwegmiete muss vorab angefragt werden.

Fahrt durch Ontario

Reisedauer

Gerade bei einer Wohnmobiltour gilt: je länger, desto besser! Denn allein die Anmietung und Rückgabe kosten de facto zwei Reisetage. Zudem berechnen die Vermieter zahlreiche Einmalgebühren, die bei kürzerer Reisedauer überproportional die Urlaubskasse belasten. Dazu zählen beispielsweise die sogenannten Kitchen Kits für Teller, Töpfe und mehr sowie die Personal Kits mit Handtüchern und Bettwäsche (mehr zum Budget siehe Kapitel 1.5). Außerdem setzen viele Anbieter eine bestimmte Mindest-Reisedauer voraus, beispielsweise sieben Tage.

Erfahrungsgemäß lohnt eine Wohnmobilmiete – aus rein praktischer und finanzieller Sicht – ab etwa zehn Reisetagen. Daher mieten viele Urlauber ein Fahrzeug gern über zwei bis drei Wochen. Wer hingegen längere Zeit unterwegs ist und nur eine bestimmte kleine Region naturnah erleben möchte, für den lohnt

Vom Orkney Viewpoint, westlich von Drumheller, genießen Reisende einen unvergesslichen Blick über das Red Deer River Valley.

möglicherweise auch eine kürzere Reisedauer mit dem RV. Gleiches gilt, wenn Reisende erst einmal nur kurz die Urlaubsform „Wohnmobil" austesten möchte – beispielsweise mit einer kurzen Tour rund um Calgary.

Bei der konkreten Reiseplanung sollten idealerweise auch Puffertage integriert werden. Denn gerade wer mit dem RV unterwegs ist, will flexibel sein können. So möchte man vielleicht spontan an einem Ort länger verweilen, weil schlechtes Wetter die geplanten Aktivitäten durchkreuzen oder weil es „einfach zu schön" ist. Oder der Globetrotter entdeckt zusätzliche Ziele, die vorab nicht eingeplant waren. Und auch wenn die Fälle selten sind: Defekte am Fahrzeug oder wetterbedingte Straßensperrungen sind nie ganz auszuschließen. Insbesondere zum Ende einer Reise sollte entweder direkt ein Puffertag vorgesehen werden – oder die Route so gewählt werden, dass notfalls ein Zwischenstopp entfallen kann.

Restriktionen für Wohnmobile in bestimmten Regionen

Bei der Streckenplanung werden Reisende schnell feststellen, dass in manchen Regionen örtliche Beschränkungen bestehen. So sind manche Straßen, gerade in den Nationalparks, für Wohnmobile gesperrt oder nur saisonal befahrbar. Wer hier nicht aufpasst, der muss möglicherweise zeitfressende Alternativrouten wählen oder auf Aktivitäten verzichten.

So dürfen bei manchen Anbietern in den Metropolen Montréal, Québec (City) und Ottawa keine Wohnmobile abgestellt werden, auch nicht auf bewachten Parkplätzen. Weiteres Beispiel: Manche Vermieter gestatten es ihren Kunden beispielsweise nicht, mit einem größeren Wohnmobil den Highway 20 zwischen Anahim Lake und Bella Coola zu befahren. Auch die Mount Edith Cavell Road in den Rocky Mountains ist angesichts enger Serpentinen nur für Camper bis zu einer Länger von 24 Fuß (7,5 Meter) zugelassen. Ähnliches kann für Fahrten mit größeren Fahrzeugen in die nördlichen Landesteile gelten. Zudem ist es für manche Strecken vorgeschrieben, dass diese nur mit einem Allradfahrzeug (4WD Trucks) befahren werden dürfen. Daher sollten Urlauber unbedingt vor der Buchung prüfen, ob die geplanten Routen mit dem gewünschten Wohnmobil überhaupt gefahren werden dürfen.

Ottawa, Montréal und Québec (City): Manche Vermieter gestatten die Fahrt in ausgewählte Metropolen nicht.

Ein regnerischer Tag am Top of the World Highway

Fahrten abseits geteerter Straßen, auf sogenannten Gravel Roads, sind nur teilweise erlaubt. Die Fahrbeschränkungen können je nach Anbieter variieren. Bei manchen Reiseveranstaltern sind Fahrten auf Schotterstraßen gestattet, sofern es sich um eine offizielle – also nummerierte – Straße handelt. Solche Pisten finden sich vor allem im Yukon und in Alaska, beispielsweise mit den bekannten Highways Taylor und Top of the World: Sie verbinden die Kleinstadt Tok in Alaska mit dem Goldgräber-Ort Dawson City im Yukon und sind oftmals unabdingbar für eine Rundreise durch den Yukon. Diese dürfen befahren werden, gleiches gilt für den Dempster Highway (meist aber nur gegen vorherige Anmeldung und Genehmigung). Falls das Wohnmobil aber außerhalb des Yukon angemietet wird, kann eine hohe Zusatzgebühr anfallen. Forstwege und Logging Roads sind generell nicht gestattet. Ausnahmen bestehen nur bei kurzen Zufahrten zu Campingplätzen.

Gut zu wissen: Wer auf nicht freigegebenen Straßen unterwegs ist, verliert seinen Versicherungsschutz. In diesem Fall müssen Mieter für Schäden und weitere Kosten, etwa fürs Abschleppen, selbst aufkommen. Möglicherweise fällt sogar eine Strafe an.

Reservierungen von Campgrounds und Aktivitäten

Angesichts der steigenden Besucherzahlen wurden mittlerweile Restriktionen für manche Schutzgebiete eingeführt, um die Besucherströme besser zu steuern. Und auch innerhalb der Schutzgebiete muss manche Aktivität im Vorfeld gebucht werden. Dazu zählt vor allem der Bus-Shuttle zum Lake Louise und zum Moraine Lake im Banff National Park. Diese sind nur noch sehr eingeschränkt bzw. gar nicht mehr mehr mit dem RV zu erreichen. Hier bietet sich eine möglichst frühzeitige Buchung an. Gleiches gilt für den Bus-Shuttle zum Lake O'Hara im Yoho National Park.

Wichtig: Es gibt keinen generellen respektive einheitlichen Termin, ab wann Permits, Campgrounds oder Aktivitäten gebucht werden können. Daher sollten Urlauber möglichst schon während der Planung auf den jeweiligen Websites nachschauen, ab welchem Termin die entsprechende Reservierung möglich ist und ob man sich unter Umständen vorab registrieren muss. Idealerweise sollte eine Buchung auf die Minute genau zur Buchungsfreigabe getätigt – besser: versucht – werden! Denn bei manch beliebtem Campingplatz wetteifern dann viele hundert Reisewillige gleichzeitig um einen Stellplatz!

1.4 Wo übernachten? Arten von Campingplätzen

Der Traum vom ungezwungenen, individuellen Roadtrip mit dem Wohnmobil lebt noch immer. Ein Camper-Trip verspricht Freiheit und Abenteuer. Gerade die staatlichen Campingplätze in National und Provincial/Territorial Parks stehen für Natur und Entspannung pur – zuweilen mit traumhafter Aussicht. Auch viele private Anlagen können mit guter Lage sowie teils großem Komfort bis hin zum Swimmingpool punkten – meist aber zu höheren Stellplatzkosten als auf staatlichen Anlagen. Auch „Wildes Campen" – also „einfach" dort übernachten, wo es einem gefällt – ist manchmal möglich. Hierzu sollten sich Urlauber im örtlichen Fremdenverkehrsamt informieren. In Kanada wird „Wild Campen" oft als „Boondocking" oder „Dispersed camping" bezeichnet.

Tipp:
Eine Übersicht mit Empfehlungen für neun besonders schöne Anlagen für Wohnmobile (plus ein Zeltplatz für eine Mehrtageswanderung) ist in Kapitel 9 enthalten.

Ivy Lea Campground an der famosen Landschaft der Thousand Islands in Ontario

Ausstattung von Campingplätzen

Egal ob staatlich oder kommerziell: Die meisten Stellplätze auf den zahllosen Campgrounds verfügen über einen fest installierten Picknicktisch samt Bänken sowie eine Feuerstelle mit der Möglichkeit zum Grillen. Je nach Größe der Anlage stehen die Camper eher dicht beieinander oder weitläufig. Zuweilen gibt es einen kleinen Shop, in dem Feuerholz, Lebensmittel und ähnliches erhältlich sind. Toiletten sind im Regelfall immer vorhanden, bei Plätzen in der Natur indes meist nur als Plumpsklo (ohne Wasserspülung, bekannt als Pit toilet, Vault toilet oder Out house)

Für Wohnmobilreisende wichtig: Nicht jeder Stellplatz bietet einen Strom- oder Wasseranschluss (Frisch- und Abwasser). Die Vollausstattung nennt sich im Camper-Englisch „Full Hook-up“: In diesem Fall kann das Fahrzeug direkt ans Strom- und Wassernetz angeschlossen werden, sofern das Wohnmobil entsprechend ausgerüstet ist. Solche Stellplätze bieten höchsten Komfort – und sind entsprechend teuer. Zuweilen gibt es auch kostengünstigere Stellplätze nur mit Stromversorgung. Bei staatlichen Campgrounds ist solch ein Komfort nicht immer zu finden.

Hingegen sind die sogenannten „Dump stations" auf nahezu allen Plätzen verfügbar: Hier kann das Abwasser von Küche, Dusche und Toilette entsorgt sowie Frischwasser aufgenommen werden. Der Erfahrung nach ist solch ein Boxenstopp alle zwei bis vier Tage nötig.

Mobiles Internet wird mittlerweile von vielen Reisenden auch auf Campingplätzen erwartet. Und zumindest viele private Betreiber bieten mittlerweile WLAN, in Nordamerika als WiFi bezeichnet. Aber selbst wenn es verfügbar ist, sind nicht immer hohe Geschwindigkeit oder eine Abdeckung der gesamten Anlage möglich. Bei staatlichen Campingplätzen ist WiFi eher die Ausnahme.

Reservieren oder nicht?
Viele Campingplätze können vorab gebucht werden. In manchen Fällen, gerade in Provincial/Territorial Parks, gilt alternativ das Prinzip „First come, first serve": Hier werden also die Stellplätze in der Reihenfolge vergeben, wie die Interessenten – so hart muss man es wohl ausdrücken – vor Ort eintreffen. Getreu dem Sprichwort „Der frühe Vogel ..." sollten Reisende diese Anlagen möglichst früh am Tag ansteuern, um sich eine der raren Sites zu sichern. Somit haben auch Urlauber eine Chance auf einen Übernachtungsplatz, die flexibel ohne Reservierungen reisen möchten oder keinen Stellplatz mehr buchen konnten.

Wichtig: Gerade in der Hochsaison zwischen Mitte Juni und Labour Day (erster Montag im September) sind Campingplätze stark nachgefragt. Dies gilt umso mehr für Highlights sowie an Wochenenden. Hier empfiehlt es sich dringend, die sogenannte Site möglichst frühzeitig zu buchen. Zum Teil bestehen für diese beliebten Spots Buchungsfenster, die einige Monate im Voraus öffnen: Parks Canada veröffentlicht die Termine für die Buchungsfreigabe auf seiner Website *(parks.canada.ca/voyage-travel/reserve)*. So können Stellplätze für die Provincial Parks in Ontario erst fünf Monate im Voraus gebucht werden, und zwar auf den Tag genau – also beispielsweise ab 1. Februar für den 1. Juli. In British Columbia sind Reservierungen in den Provinzparks sogar erst vier Monate vorher möglich.

Stellplatz im Six Mile Lake Provincial Park in Ontario

Gut zu wissen: An den sogenannten fünf Long Weekends sollten Urlauber dringend einen Stellplatz buchen, zumal hier bei manchen Anlagen ein Mindestaufenthalt von zwei oder drei Nächten gilt. Sonst drohen lange Irr- und Suchfahrten und eine Nacht auf einem eintönigen Overflow-Platz (einfachen Arealen als Ergänzung regulärer Campgrounds). An diesen Tagen ist gefühlt halb Kanada am Campen, berichten Einwohner. Betroffen sind die Wochenenden zu folgenden Feiertagen: Victoria Day im Mai, Canada Day am 1. Juli, Civic Holiday im August, Labour Day Anfang September (inoffizielles Ende der Hauptreisezeit) sowie, in geringerem Maße, Thanksgiving im Oktober (nicht zu verwechseln mit Thanksgiving in den USA am letzten Donnerstag im November).

Auf vielen Campingplätzen richten sich die Preise nicht nur nach der Größe (Länge und Breite des RV, Slide-Out-Elemente beachten), sondern auch nach der Art des jeweiligen Stellplatzes: Wer ohne Strom und Wasser auskommt, zahlt weniger. Bei Vollausstattung (Full Hook-up) wird es teurer. Auch wer einen Stellplatz zum Durchfahren (Pull through) wählt, muss mit höheren Kosten rechnen als bei kleineren Sites, in die rückwärts hinein- oder herausgefahren werden muss. Falls nach dem Stromanschluss gefragt wird: Bei gemieteten Wohnmobilen reichen meist 30 Ampere (amp).

Lake Louise

Naturnah: Campingplätze in National und Provincial/Territorial Parks

Wenn morgens der erste Blick auf einen Strand am Pazifik fällt oder abends die Rocky Mountains vom Lagerfeuer aus bewundert werden können, dann übernachtet der Wohnmobilreisende höchst wahrscheinlich auf einem der vielen Campingplätze in einem der 37 Nationalparks, den zehn sogenannten National Park Reserves oder den zahlreichen Provincial/Territorial Parks. Hier inmitten der Natur geht dem Camper das Herz auf – genau für einen solch unvergesslichen Moment mietet der Urlauber ein RV!

In nahezu jedem Schutzgebiet finden sich Stellplätze. Die Ausstattung variiert dabei erheblich: Toiletten sind meist vorhanden, Duschen oftmals nicht. Auf Stromanschlüsse und permanenten Wasseranschluss – also das sogenannte Full Hook-up – hingegen muss aufgrund der Lage in der Natur oftmals verzichtet werden. Auch Waschmaschinen sind häufig nicht vorhanden und nur auf wenigen Anlagen wie beispielsweise im Algonquin Provincial Park (Ontario) zu finden.

In den Nationalparks sowie regionalen Parks sind Stellplätze meist preiswert: Eine Übernachtung auf dem Whistlers Campground im Jasper National Park (Alberta) kostet zwischen 23 und 61 Dollar, während ein Stellplatz auf dem Jeremy's Bay Campground im Kejimkujik National Park (Nova Scotia) mit 40 Dollar (inklusive Strom; ohne Strom: 34 Dollar) zu Buche schlägt. Für den Tombstone Mountain Campground im Tombstone Territorial Park (Yukon) sind 20 Dollar fällig.

Typisch Kanada: perfekter Stellplatz mit Sitzgelegenheit und Feuerstelle am Two Jack Lakeside Campground im Banff National Park

Sehr komfortabel: kommerzielle Campingplätze

Urlauber können zudem unter ungezählten privat betriebenen Campingplätzen wählen. Diese bieten meist viel mehr Komfort als die Plätze in den Nationalparks.

Neben vielen lokalen Betreibern ist der wohl bekannteste Anbieter die Kette KOA (*koa.com*) mit rund 30 Anlagen in Kanada (und noch mehr in den USA). Diese Campingplätze bieten hohen Komfort und Service. Pool und Spielplatz sind oftmals vorhanden, WLAN (in Nordamerika Wifi genannt) ebenso. Eine Nacht auf dem Hinton/Jasper KOA Holiday (Alberta) kostet ab etwa 62 Dollar und auf dem Winnipeg West KOA Journey (Manitoba) ab etwa 47 Dollar. Rund 30 Anlagen in vier Provinzen offeriert Parkbridge (*parkbridge.com/en/resort*), mehrheitlich in Ontario, beispielsweise das Wasaga Dunes RV Resort am Wasaga Beach. Großer Vorteil bei privaten Betreibern: Hier lassen sich Stellplätze teils bis zu ein Jahr im Voraus buchen, was die Planbarkeit deutlich erhöht.

Im Mai kann am Icefields Parkway noch Schnee liegen.

Freies Stehen

Wild Campen („Boondocking" oder „Dispersed camping") ist zwar in manchen Fällen möglich. Dazu aber unbedingt die örtlichen Regeln erfragen und beachten. Im Regelfall nicht erlaubt ist „Boondocking" in National und Provincial/Territorial Parks sowie in Städten. Die Strafen können empfindlich sein. Auf Parkplätzen entlang der Highways gilt ebenfalls ein Verbot. Es sei denn, es ist auf den Rest Areas ausnahmsweise für eine Nacht ausdrücklich erlaubt. **Tipp:** Wer „wild campt", sollte besser nur sein Fahrzeug parken – sich aber nicht mit Campingtisch und -stuhl sowie Grill etc. „ausbreiten". Für Wohnmobileinsteiger wird empfohlen, besser einen Campingplatz anzusteuern.

1.5 Budgetplanung

Wer mit dem Wohnmobil unterwegs ist, kann tendenziell die Kosten für den Urlaub besser steuern als derjenige, der auf Mietwagen und feste Unterkünfte setzt. Gerade die Möglichkeit zur Selbstversorgung entlastet die Reisekasse – im Vergleich zu teuren Restaurantbesuchen. Doch gleichwohl ist auch ein RV-Trip nicht preiswert.

Größter Posten: das Wohnmobil
Die Wahl des rollenden Urlaubsdomizils ist entscheidend für das Reisebudget. Natürlich muss das Fahrzeug ausreichend Sitz- und Schlafplätze für alle Mitfahrer bieten. Neben dieser Basisfrage bestimmen weitere Faktoren den Mietpreis: Soll das Wohnmobil nicht doch lieber eine Nummer größer sein? Welche Zusatzausstattung wie Navigationsgerät (eher teuer) oder Kaffeemaschine (überschaubar) ist nötig?

Wer das Budget schonen möchte, sollte möglichst die Frühbucherpreise der Veranstalter nutzen: Sie gelten bei frühzeitiger Buchung, entweder viele Monate im Voraus oder noch im vorangehenden Kalenderjahr (beispielsweise bis 31. Dezember oder sogar schon 31. August). Dadurch kann der eigentliche Mietpreis sinken. Oder wichtige Extras wie unbegrenzte Kilometer sind dann im Sparangebot inklusive. Auch ein Ausweichen in die Nebensaison kann Geld sparen – dafür muss mit schlechterem Wetter und/oder teils gesperrten Attraktionen und Nationalparks gerechnet werden.

Weiterer Vorteil einer frühzeitigen Buchung: Das Angebot an Wohnmobilen ist begrenzt. Eine frühe Buchung steigert die

Die Miete fürs RV ist neben dem Flugticket der teuerste Posten auf der Urlaubsrechnung.

Chance, das gewünschte Modell auch wirklich zu bekommen – gerade bei Touren in der Hauptreisezeit ein wichtiger Faktor.

Die avisierte Streckenlänge der Reise beeinflusst ebenfalls die Kosten erheblich: Im Regelfall sind pro Miettag keine oder nur wenige Kilometer enthalten. Bei meist längerer Gesamtdistanz kostet jede zusätzliche Meile extra. Daher lohnt es sich meist, im Voraus sogenannte Kilometerpakete zu erwerben. Sie sind im Vergleich zur Einzelabrechnung preiswerter. Ein Kilometerpaket umfasst meist pauschal 500 Kilometer. Hier macht sich eine grobe Streckenplanung bezahlt, um die möglichst passende Anzahl an Paketen vorab zu buchen und nur möglichst wenige Kilometer individuell zu bezahlen. In manchen Fällen kann es dann sogar preiswerter sein, die Option „Unbegrenzte Kilometer“ zu erwerben.

Gern werden bei der Planung grundsätzlich anfallende Zusatzkosten übersehen. Dazu zählen beispielsweise das einmalige Bereitstellungspaket, das Kitchen Kit (Küchenausstattung, pro Fahrzeug) und das Personalkit (Bettwäsche, für jede mitreisende Person zu buchen).

C-Class-Wohnmobil und Truckcamper im Vergleich

Auch der Umfang der Versicherungsleistung beeinflusst das Budget. Faustformel: Je besser der Versicherungsschutz, desto niedriger das finanzieller Risiko für den Mieter und desto höher die Kosten für die gewünschte Absicherung.

Gut zu wissen: Viele Anbieter offerieren sogenannte All-Inclusive-Pakete. Hierin sind wichtige Zusatzleistungen – beispielsweise vollständiger Versicherungsschutz, unbegrenzte Kilometer, Tische und Stühlen – zu einem attraktiven Sonderpreis erhältlich.

Nicht unterschätzen: Spritkosten und Campingplätze

Da mittlerweile auch in Kanada das Tanken deutlich teurer geworden ist, sollte hierfür entsprechende Ausgaben eingeplant werden. Denn angesichts ihrer Größe und Bauweise sowie der stark motorisierten V8- und V10-Motoren verbrauchen Wohnmobile entsprechend viel. Im Durchschnitt müssen Urlauber je 100 gefahrene Kilometer mit 20 bis 30 Litern rechnen. Wer die Fahrstrecke reduziert und nur wenige Orte – dafür mit längeren Aufenthalten – ansteuert, kann die Spritkosten reduzieren. Tipp: Websites wie GasBuddy (*gasbuddy.com/can*) bieten stets einen guten Überblick zu den Preisen an den Tankstellen, wobei abgelegene Versorgungsstationen (etwa in Nationalparks) meist teurer sind.

Die Spritkosten sind auch in Kanada deutlich gestiegen.

Gerade bei längerer Reisedauer können die Kosten für

Campingplätze die Reisekasse belasten. Um möglichst budgetschonend zu übernachten, können bevorzugt staatliche Campgrounds angesteuert werden. Die Gebühren hierfür sind meist niedriger als bei privaten Anbietern. Wer auf das legale „BoonDocking“ ausweicht, steht über Nacht manchmal sogar kostenlos. Ob das tatsächlich möglich ist, hängt von den örtlichen Vorschriften sowie Reiseroute und persönlicher Vorliebe ab.

Verpflegung: am besten selbst

Auch wenn Lebensmittel in Kanada tendenziell teurer sind als hierzulande: Selbstversorgung ist die beste Möglichkeit, Geld zu sparen. Und was gibt es Besseres, als abends inmitten unfassbarer Schönheit der Natur frisch Gegrilltes zu genießen?

Nicht vergessen: Eintrittsgelder, Ausflüge und Anreise

Neben den Kosten fürs Wohnmobil, das Campen und die tägliche Versorgung fallen natürlich weitere Ausgaben an. Dazu zählen vor allem Eintrittsgelder zu Attraktionen sowie in die National und Provincial/Territorial Parks.

Kajak-Tour an den Hopewell Rocks in New Brunswick

Bei Besuch mehrerer Nationalparks (sowie der National Historic Sites und National Marine Conservation Areas) lohnt sich der Kauf des sogenannten Discovery Pass von Parks Canada. Der Preis von 167,50 Dollar für Familien bzw. Gruppen (jeweils bis sieben Personen pro Fahrzeug) bzw. 83,50 Dollar pro Erwachsenem rentiert sich meist schon, wenn innerhalb einer Tour insgesamt sieben Tage in Nationalparks oder den weiteren enthaltenen Zielen verbracht werden. Der Discovery Pass ist vor Ort in den Besucher- bzw. Informationszentren erhältlich – oder kann vorab online bestellt werden (*commandesparcs-parksorders.ca/en/decouverte-discovery*; Lieferzeit und -gebühren beachten!). Gut zu wissen: Mit dem Pass ist nur der Eintrittspreis abgedeckt, nicht aber die Kosten für Aktivitäten im Park wie beispielsweise Camping.

Jasper Tramway im gleichnamigen Nationalpark

Aber Achtung: In den regionalen Parks gilt der Discovery Pass jedoch nicht. Hier wird eine individuelle Gebühr fällig, beispielsweise im Hopewell Rocks Provincial Park (New Brunswick) in Höhe von rund 18 Dollar (für beliebig viele Besuche binnen 48 Stunden nach Erwerb). In Manitoba kostet jeder Tag in einem Provincial Park zehn Dollar – oder alternativ 45 Dollar für einen Jahrespass.

Darüber hinaus sollten Urlauber entsprechend Geld für weitere Besichtigungen und Ausflüge einplanen. Denn das Angebot ist scheinbar unendlich: vom Whalewatching auf Vancouver Island (ab Tofino für 179 Dollar) über eine Seilbahnfahrt in den Rocky Mountains (Jasper Tramway für 78 Dollar) bis zur Kajak-Tour (im Hopewell Rocks Provincial Park in New Brunswick für rund 70 Dollar). Hier bleiben keine Wünsche offen – das Limit stellen letztlich nur die Reiselänge und die Reisekasse dar.

Last but not least: Zeitgleich mit dem Wohnmobil sollte auch die Anreise organisiert werden. Gerade bei Flügen lässt sich meist viel sparen, wenn diese lange im Voraus gebucht werden. So ist auch sichergestellt, dass es den möglichst idealen Flug gibt, wenn beide Bausteine fix sind.

1.6 Fallstricke bei der Planung

Gerade bei einer ersten Wohnmobilreise können Planungsfehler den Urlaubsspaß reduzieren. Wer hierauf achtet, vermeidet unnötigen Stress!

Übernahme und Rückgabe nicht gut planen

Eine Zeitplanung kann schon am ersten Tag platzen, wenn zu viele Kilometer nach der Übernahme geplant sind, das Fahrzeug aber erst nachmittags zur Verfügung steht. Also: Unbedingt schon bei der Buchung checken, um welche Uhrzeit das Wohnmobil abgeholt werden kann. Meist ist eine Übernahme nur nachmittags möglich – vormittags, wenn überhaupt, nur gegen Aufpreis! Die genaue Uhrzeit lässt sich zudem meist erst am Vortag telefonisch

Wer nicht erst im Dunklen sein Lager aufschlägt ...

... reist entspannter und entgeht Wildlife auf der Straße.

vereinbaren. Ähnliches gilt für die Rückgabe: Meist muss das Fahrzeug vormittags bis 11 oder 12 Uhr zurückgegeben werden. Daher empfiehlt sich, für die erste respektive letzte Nacht einen Campground in der Nähe zu suchen – maximal 60 bis 90 Minuten Fahrzeit entfernt.

Nicht im Hellen Ankommen

Eine Tour lässt sich natürlich nicht minutiös planen. Staus und spontane Stopps zählen zum Alltag – und gerade letzteres ist natürlich das, was eine Reise auszeichnet, gerade im Wohnmobil.

Trotzdem sollten Urlauber im Vorfeld darauf achten, nicht zu lange Fahrten einzuplanen, sodass man in die Dunkelheit gerät. Nicht nur dass Tiere auf der Straße eine Gefahr sind – nach Sonnenuntergang auf einem engen Campground zum Stellplatz zu navigieren und alles aufzubauen (möglicherweise noch bei Regen oder Kälte das Stromkabel anzuschließen), macht einfach keinen Spaß! Solche Situationen lassen sich natürlich nicht völlig ausschließen. Doch mit vorausschauender Planung lässt sich diesen Momenten vorbeugen. Daher bei Fahrtzeiten besser großzügig kalkulieren und auch Sonnenauf- und -untergang zum Reisezeitpunkt checken (beispielsweise mit *timeanddate.de*). Je nach Region und Jahreszeit kann es unerwartet spät hell bzw. früh dunkel sein.

Zu viel Vertrauen in GoogleMaps

Für die Reiseplanung wird gern GoogleMaps genutzt. Doch aufgepasst: Die angegebenen Fahrtzeiten sind idealtypisch. Staus, Fotostopps und Einkäufe können die Fahrtzeit schnell verlängern. Also mindestens ein Drittel der Zeit – besser sogar 50 Prozent – als Puffer oben drauf rechnen!

Sightseeing in Großstädte wirklich nötig?

Gerade komfortable Wohnmobile sind sperrig, brauchen viel Platz und lassen sich schlecht manövrieren. Daher sollten Stopps und Übernachtungen in Großstädten gut geplant sein – wenn es überhaupt seitens des Anbieters gestattet ist. Einen Parkplatz in Vancouvers Innenstadt zu finden, dürfte nicht einfach sein – von Kosten und Fahrstress ganz zu schweigen. Daher sollten Metropolen besser entweder zu Beginn oder Ende einer Reise besucht werden, wenn man noch ohne oder schon wieder ohne Wohnmobil unterwegs ist. Oder Urlaubern sollte bewusst sein, dass sie außerhalb übernachten und dann mit öffentlichen Verkehrsmitteln, Taxi oder Mitfahrtdienst in die Innenstadt fahren müssen. In kleineren, aber stark touristisch geprägten Städten sind Parkplätze für Wohnmobile hingegen vorhanden und teils auch gut ausgeschildert.

Als Gruppe nur ein Wohnmobil mieten

Wenn Gruppen gemeinsam reisen, sollte diese besser zwei kleine Wohnmobile statt eines großem mieten. Dies ist zwar teurer, vermeidet aber unnötige Diskussion und im Zweifelsfall sogar einen Gruppenkoller, wenn sich beispielsweise zwei zusammen reisende Paare nicht über Details der Reiseplanung oder der täglichen Aufgabenverteilung verständigen können. Ähnliches droht, wenn Paare mit den Eltern bzw. Schwiegereltern gemeinsam reisen möchten. Mit zwei Walkie-Talkies bleibt zumindest auf dem Campground der Austausch gewahrt, ebenso während der Fahrten.

Weniger ist mehr!

Was ohnehin beim Reisen gilt, trifft auf eine Tour mit dem Wohnmobil umso mehr zu: bloß nicht zu viele Stopps, Aktivitäten und Orte planen!

Metropolen wie Montréal besser am Anfang oder Ende besuchen, und zwar ohne Wohnmobil.

2. Das passende Fahrzeug finden

Viele verschiedene Wohnmobiltypen stehen zur Auswahl.

2. Das passende Fahrzeug finden

So vielfältig Kanada ist, so umfangreich ist auch das Angebot an Wohnmobilen. Zwischen „kompakt und wendig" bis „komfortabel wie ein weitläufiges Hotelzimmer" können Urlauber bei den großen Verleihern wählen. So dürfte wohl jeder Reisende das passende Fahrzeug finden!

Maritime Idylle

2.1 Ausstattung

Ausreichend Schlafplatz und eine kleine Küche mit Kühlschrank und Kochgelegenheit, dazu ein winziges Badezimmer samt Toilette und Dusche – und perfekt wird das Outdoor-Erlebnis im rollenden Ferienheim. Diese Basisausstattung ist in jedem Wohnmobil zu finden, das entsprechende Zubehör von Kochtopf bis Besteck ebenfalls (bei Buchung der sogenannten Personal und Kitchen Kits). Die Zahl der Schlafplätze, ggf. auch im Alkoven über der Fahrerkabine, entspricht im Regelfall der Sitzplätze. Als Sicherheitsausstattung sind überdies zumeist Feuerlöscher sowie Gas-, Rauch- und Kohlenmonoxiddetektor vorhanden.

Viel Platz an Bord

Je nach Fahrzeugklasse sind Extras wie eine Klimaanlage im Wohnbereich, ein zusätzliches Gefrierfach oder eine Mikrowelle mit an Bord – womit der Reisekomfort deutlich steigt. Ganz große Fahrzeuge punkten zudem manchmal mit einem Backofen und/oder einem Fernseher. Zuweilen lässt sich die Grundfläche des Wohnraums durch auf Knopfdruck elektrisch ausfahrbare Elemente (sogenannte „Slide-Outs") vergrößern, wenn das Fahrzeug geparkt ist.

Und wie werden die Geräte versorgt? Grundsätzlich können Urlauber mit ihrem Wohnmobil völlig autark reisen! Der Kühlschrank wird entweder mit Gas oder einer zweiten Batterie, die unabhängig von der Batterie für den Fahrzeugantrieb arbeitet, gekühlt. Sorgen um warme Getränke oder verdorbene Lebensmittel muss sich also niemand machen – zumal die Batterie für den Wohnraum beim Fahren automatisch wieder geladen wird. Zuweilen gibt es auch Solarpanels auf dem Dach. Herd und Heizung (sofern vorhanden) nutzen ebenfalls Gas, während die Innenbeleuchtung wiederum an besagte zweite Batterie angeschlossen ist.

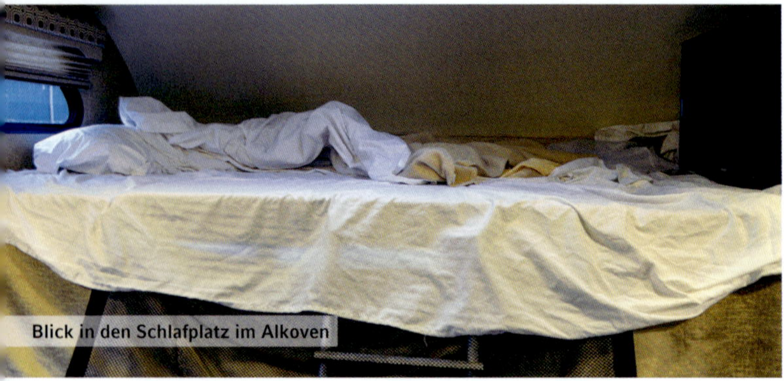

Blick in den Schlafplatz im Alkoven

Wer hingegen auch die Klimaanlage und die Mikrowelle sowie die 110-Volt-Steckdosen nutzen möchte, muss das Wohnmobil an das stationäre Stromnetz des Campingplatzes anschließen, zuweilen auch Landstrom genannt. Bei kommerziellen Anbietern sind solche Anschlüsse meist vorhanden (teils gegen Aufpreis), Stellplätze in National und Provincial/Territorial Parks bieten diesen Komfort meist nicht. Für solche Fälle sind gerade größere Fahrzeuge zusätzlich mit einem Generator ausgerüstet, entweder fest oder zur Miete. Ein Aufpreis für die Nutzung fällt im Regelfall an, meist wird nach Stunden oder Tagen abgerechnet. Doch aufgepasst: Nicht auf allen Campingplätzen dürfen die meist recht lauten Generatoren auch verwendet werden – in der Mittagszeit sowie nachts ist es ohnehin oftmals verboten („Quiet hour"). Neuere Fahrzeuge verfügen zumeist über USB-Steckdosen, die über die Batterien gespeist werden. Damit wäre zumindest das Laden von Mobiltelefonen sichergestellt.

Kleines Badezimmer mit Dusche und Toilette

Die Wasserversorgung wird durch drei Wassertanks geregelt: für Frischwasser, für Grauwasser (Küchenspüle, Wachbecken und Dusche) sowie Schwarzwasser (Toilette). Diese müssen regelmäßig alle zwei bis vier Tage, je nach persönlichem Verbrauch, gefüllt bzw. geleert werden (siehe Kapitel 8 On the Road).

Manche Wohnmobile bieten mehr Platz – dank ausfahrbarer Elemente („Slide-Out").

Outdoor-Equipment

Für das perfekte Naturerlebnis sind Campingstühle nicht zwingend erforderlich: Auf vielen Stellplätzen sind feste Picknicktische und -bänke vorhanden. Wer auf Nummer sicher gehen möchte oder auch mal zwischendurch „on the road", beispielsweise am Strand, picknicken will, mietet portable Stühle und einen Tisch (nicht immer angeboten). Zuweilen gibt es das Equipment auch kostengünstig im Super- oder Baumarkt – und lässt sich anschließend verschenken. Manche Modelle verfügen über eine Markise als Sonnenschutz, entweder mit Elektromotor oder zum Selbstaufbau.

Während der Fahrt

Die Fahrerkabine verfügt im Regelfall über eine Klimaanlage sowie ein Radio mit USB- und AUX-Anschluss, manchmal auch noch einen CD-Player. Und wie in Nordamerika üblich, sind auch Automatik und Tempomat Standard. Die größeren Fahrzeuge sind zudem manchmal mit einer Rückfahrkamera ausgestattet, was das Rangieren deutlich vereinfacht.

Bequemer Platz hinterm Lenkrad

Navigationsgeräte können meist gemietet werden, falls sich Reisende nicht auf Navigations-Apps verlassen möchten. Tipp: Angesichts der hohen Mietpreise rentiert sich der Kauf eines eigenen Navigationsgeräts meist schon dann, wenn mehr als eine Reise durch Kanada geplant ist.

2.2 Vermieter und Anmietstationen

Wohnmobilurlauber können in Kanada unter zahlreichen Anbietern wählen, beispielsweise:

- CanaDream
- Cruise Canada
- Four Seasons RV
- Fraserway RV
- GoNorth
- Meridian RV Rentals
- Owasco RV
- Stylings RV

Damit besteht eine große Auswahl an unterschiedlichen Fahrzeugmodellen, passend zu den persönlichen Wünschen.

Mietstationen finden sich in den großen Städten mit internationalen Flughäfen – beispielsweise in Halifax, Toronto, Montréal, Winnipeg, Calgary, Edmonton, Vancouver sowie Whitehorse.

Übersicht möglicher Anmietstationen in Kanada

2.3 Welches Wohnmobil passt zu wem?

Nicht jedes Modell ist für jeden Reisenden gleichermaßen gut geeignet. Natürlich muss das Fahrzeug mindestens so viele Sitz- und Schlafplätze haben wie die Zahl der Reisenden. Ansonsten gilt ganz allgemein: „Darf's eine Nummer größer sein?" Sofern die Reisekasse mitspielt, zahlt es sich aller Erfahrung nach aus, ein Wohnmobil zu mieten, das mehr Platz bietet als eigentlich benötigt wird – gerade bei längeren Reisen und mit Kindern.

Wichtig: Je nach Vermieter, Modell und Baujahr variieren die Fahrzeuge leicht. Die Ausstattung ist per se gleich. Aber zuweilen ist auch ein Backofen an Bord, oder das große Bett im Heck steht frei oder ist gemütlich in eine Ecke gebaut. Auch die Größe der Schränke, Grundrisse und Maße müssen auch bei Fahrzeugen einer Modellreihe nicht unbedingt immer identisch ausfallen.

Kategorie Van Conversion

Diese Fahrzeuge vereinen den hohen Komfort der „echten Wohnmobile" mit der kompakten Bauweise eines Vans. Die Fahrzeuge der sogenannten Kategorie Van Conversion sind kompakt und preiswert: Sie eignen sich vor allem für Pärchen bzw. zwei Zusammenreisende. Dank der kompakten Größe des Fahrzeugs ist der Benzinverbrauch vergleichsweise niedrig. Mit ihrer Länge von rund 5,60 Metern

(18 Fuß) lassen sich die Campervans auch in den großen Metropolen besser manövrieren und einfacher ein Parkplatz finden. Neben der Küche (meist samt Mikrowelle) ist an Bord auch eine bequeme Essecke. Toilette und Dusche sind ebenfalls vorhanden, allerdings oftmals ohne Abtrennung. Sprich: Beim Duschen wird alles nass, auch die Toilette. Dennoch schätzen viele Reisende diese Möglichkeit, zumindest nicht immer öffentliche Duschen benutzen zu müssen.

Kleines Wohnmobil (C19-20 bzw. C-Small)

Ideal für Einsteiger sind die recht kompakten Fahrzeuge der Klasse C19-C20. Sie bieten zwei Schlafplätze im Alkoven (über der Fahrerkabine). Zudem kann in der Essecke, oftmals als Dinette bezeichnet, ein Kleinkind schlafen. Von Klimaanlage und Heizung im Wohnraum bis hin zu Mikrowelle und Dunstabzugshaube ist alles an Bord, was ein Camper benötigt. Dank der überschaubaren Größe reichen auf Campingplätzen kleinere Stellflächen aus, auch die Suche nach einem Parkplatz ist vergleichsweise einfach.

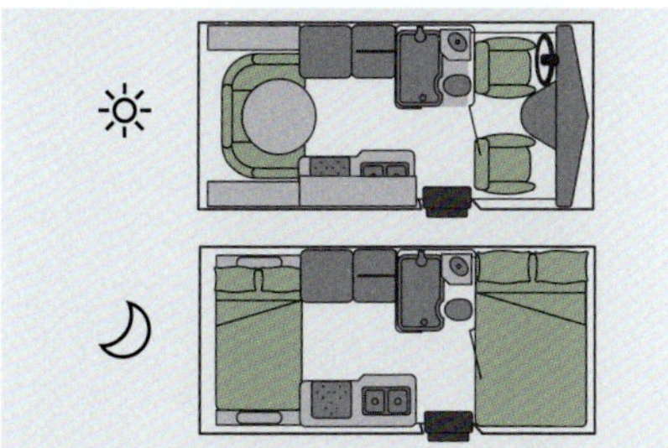

Mittelgroßes Wohnmobil (C21-27 bzw. C-Medium)

Diese mittelgroßen RVs sind die beliebtesten Fahrzeuge: Paare freuen sich über das Doppelbett im Heck und viel Stauraum, Familien über die zusätzlichen Schlafplätze im Alkoven und in der Dinette. Abgesehen vom hinteren Bett sind Wohnmobile dieser Kategorie der kleineren Variante sehr ähnlich! Ab dieser Fahrzeugkategorie ist die Dusche meist extra abgetrennt, sodass bei der Benutzung nicht das gesamte Badezimmer unter Wasser gesetzt wird. Von außen sind mehrere Stauräume zugänglich: Hier lassen sich beispielsweise leere Reisetaschen sowie Campingstühle und -tisch unterbringen, ebenso Getränkevorräte und weiteres Equipment.

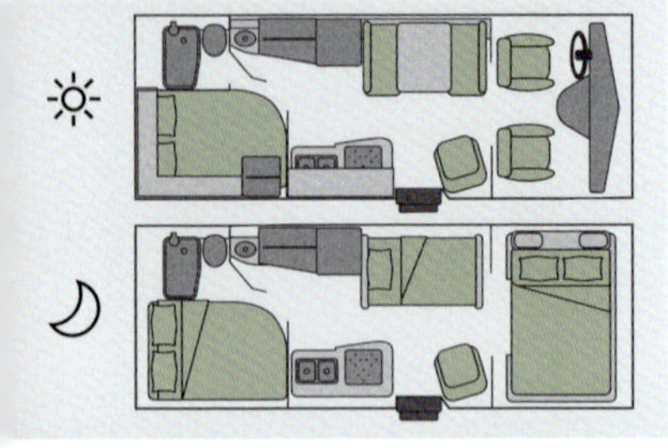

Großes Wohnmobil (C28-31 bzw. C-XLarge)

Perfekt für die Familie oder eine Gruppe von Freunden: Bei einer Länge von bis zu zehn Metern ist viel Platz. Bis zu sechs bequeme Schlafplätze bieten die sogenannten großen Wohnmobile der Klasse C28-C31 – darunter im Regelfall ein abgetrenntes Schlafzimmer im hinteren Teil des Fahrzeugs. Damit beim Campen (nicht während der Fahrt!) viel Freiraum herrscht, lässt sich oftmals der Mittelteil mit der Sitzecke ausfahren (Slide-Out), gleiches gilt für das Heckteil.

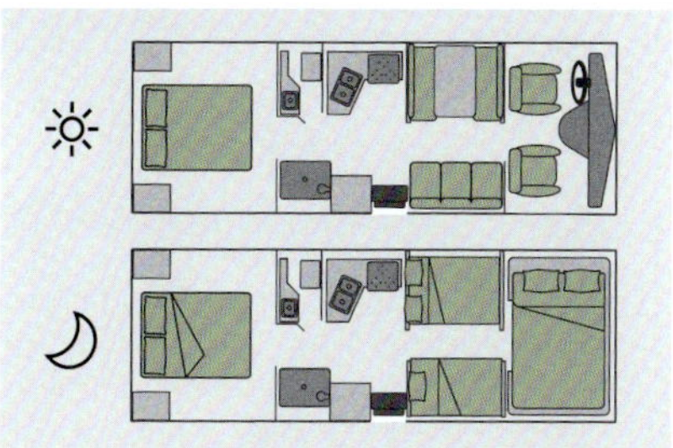

Truck Camper

Ganz anders präsentieren sich die sogenannten Truck Camper – als Pick-up mit Wohnkabine. Diese ungewöhnlichen Fahrzeuge punkten gleich mit mehreren Vorteilen: Alle Reisenden sitzen in Fahrtrichtung, und Kindersitze lassen sich befestigen. Durch die getrennten Kabinen ist es vorn während der Fahrt deutlich leiser. Und der Spritverbrauch ist tendenziell niedriger als bei klassischen Wohnmobilen. Dank des Allradantriebs und der robusten Bauweise gelten zudem eher weniger Einschränkungen, welche Straßen und Pisten befahren werden dürfen. Truck Camper bieten drei Schlafplätze: für zwei Erwachsene und ein kleines Kind (während sogar fünf Sitzplätze bereitstehen). Die Ausstattung umfasst eine Küchenzeile mit Spüle und Gasherd sowie Kühlschrank mit Gefrierfach, plus Bad mit Dusche (fließend warmes und kaltes Wasser) und Toilette.

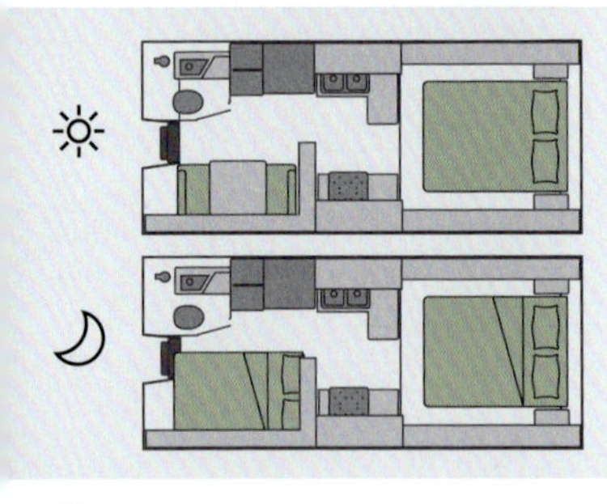

2.4 Reisen mit Kindern

Das Lagerfeuer prasselt, der Nachwuchs hält die Marshmallows ins Feuer, langsam versinkt die Sonne über den schneebedeckten Bergen oder über dem Pazifik. Was könnte es Schöneres als einen Roadtrip mit der Familie geben?

Urlaub mit dem Wohnmobil ist für Kinder ein besonderes Erlebnis.

Gerade mit Kindern punktet eine Rundreise mit der rollenden Ferienwohnung mit vielen Vorteilen. Mehr Flexibilität geht nicht: Gekühlte Getränke und Snacks sind immer vorhanden, ebenso eine Toilette. Ständiges Aus- und Einpacken der Koffer entfällt. Vor allem Familien können sich bei einer Wohnmobiltour besser individuell und preiswert versorgen als bei einer Rundreise mit Mietwagen sowie Motels und Hotels. Und gerade bei Familien mit zwei oder drei Kindern bzw. Jugendlichen kann es sich auch finanziell auszahlen, wenn bei einer Reise mit Hotelübernachtungen sonst ein zweites Hotelzimmer nötig wäre, womit die Kosten deutlich nach oben schießen. Soviel Freiraum ein Familienurlaub auch bietet, umso mehr sollte vorab geplant werden!

Beste Reisezeit für Familien

Vor allem Familien mit Nachwuchs, der noch nicht schulpflichtig ist, empfiehlt sich eine Tour außerhalb der Hauptreisezeit bzw. des Hochsommers. Voraussetzung: Die gewünschte Route bietet diesen Freiraum und ist grundsätzlich klimatisch geeignet. Denn einerseits können die Mietkosten erheblich sinken. Andererseits kann man so beispielsweise der Hitze in manchen Regionen entgehen. Zwar verfügen die meisten Fahrzeuge auch in der Wohnkabine über eine Klimaanlage. Doch funktioniert diese meist nicht während der Fahrt (und Kinder sitzen im Regelfall dort) und auf dem Campground auch nur bei Stromanschluss oder laufendem Generator. Umgekehrt sollten bei Babys und Kleinkindern sicherlich Jahreszeiten mit allzu kühlen Temperaturen eher gemieden werden, sodass man bei Touren gen Yukon vermutlich der teuren Hauptsaison nur teilweise entkommen kann.

Süße Leckereien auf dem Campingplatz

Fahrzeugwahl für die Familie

Gerade bei Reisen mit Kindern lohnt sich vom Komfort her ein größeres Wohnmobil. So bleibt auch an Schlechtwettertagen einigermaßen viel Platz zum Spielen. Zahlreiche Familien präferieren daher die Fahrzeuge der Klasse C21-C27 als Kompromiss zwischen Größe und Budget.

In vielen Fällen eine besondere Frage: Wer schläft wo? Vielfach übernachten Kinder, insbesondere ältere respektive größere, im Alkoven über der Fahrerkabine – ein Schutz vor dem Herausfallen ist jedoch meist nicht vorhanden. Bei kleineren Kindern hingegen teilt sich oftmals ein Elternteil das Doppelbett oder den Alkoven mit dem Kind. In manchen Fahrzeugen ist auch ein Sofa an Bord, das nachts zum Bett umgebaut werden kann – bei kleinen Kindern vielleicht der beste Schlafplatz. Auch die Dinette könnte zum Schlafplatz umgerüstet werden. Doch diesen Aufwand scheuen viele Reisende zu Recht.

Topthema Kindersitz

Wichtigster Punkt bei der Planung eines Familienurlaubs mit Wohnmobil: die Zahl der Sitzplätze und die Art der nötigen Kindersitze oder Sitzerhöhungen. Denn qua Gesetz müssen gerade Babys und jüngere Kinder entsprechend gesichert werden. Manche Verleihfirmen stellen das passende Equipment zur Verfügung (anders als bei Verleihern in den USA). Überdies verfügen ausgewählte Fahrzeuge auch über einen Dreipunktgurt an den Sitzplätzen in der Dinette im Wohnraum, während sonst meist Beckengurte üblich sind.

Falls der Vermieter keine Kindersitze zur Verfügung stellt, lassen sie sich im Supermarkt preiswert erwerben.

Kindersitze aus Deutschland sind im Regelfall nicht in Kanada zugelassen. Am besten kauft man sich dann einen passenden Kindersitz in einem Supermarkt, wenn der Wohnmobilanbieter keine Sitze vermietet.

Die Zahl der entsprechend vorbereiteten Sitzplätze variiert je nach Anbieter und Modell. Familien mit entsprechendem Bedarf sollten diese wichtige Frage also unbedingt vor (!) der Buchung klären. Die Websites der Verleihfirmen als auch das Reisebüro bieten entsprechende Informationen.

Routenplanung mit Kindern

Gerade bei einem Familienurlaub in der mobilen Ferienwohnung gilt: Weniger (Strecke) ist mehr (Komfort). Denn gerade bei kleineren Kindern dürfte – wie bei jeder Autofahrt – schnell die beliebte Frage „Wann sind wir endlich da?“ kommen!

Als Faustformel gilt: Eine durchschnittliche Strecke von etwa 200 Kilometer pro Tag empfehlen viele Familien. Wenn sich idealerweise reine Fahr- und Stehtage abwechseln, können an einem Fahrtag entsprechend längere Distanzen zurückgelegt werden. Und über Tage, an denen das Wohnmobil nicht bewegt werden muss, freut sich naturgemäß nicht nur der Nachwuchs!

Unterwegs „on the road“ empfehlen sich regelmäßige Pausen! Dies gilt umso mehr bei Reisen mit Kindern. Ein Picknick in der Natur oder eine kurze Besichtigungstour – in kleinen Städten oder Museen – sorgen für die nötige Abwechslung. Oft finden sich auch Spielplätze. Notfalls tut es hierfür auch ein Angebot einer Fastfood-Kette.

Campingplätze mit Kindern

Last but not least: Eignen sich nun komfortable, kommerziell betriebene Campingplätze oder einfache Stellplätze in National und Provincial/Territorial Parks besser für Familien? Vermutlich ist ein guter Mix die beste Lösung. Privat geführte Anlagen, beispielsweise der Kette KOA, glänzen mit viel Komfort: Swimmingpools, Spielplätze und Minigolfanlagen sind vielfach vorhanden und bieten viel Abwechslung. Auch sind die Wasch- und Toilettenräume tendenziell komfortabler als bei Campgrounds in der Natur. Das Gefühl von Freiraum und individuellem Reisen stellt sich indes natürlich eher auf Stellplätzen in National und Provincial/Territorial Parks ein. Und wann besteht schon die Möglichkeit, während des Abendessens ein Squirrel (Eichhörnchen), ein Reh oder gar einen Elch zu beobachten? So bieten auch Campingplätze in der Natur ausreichend Entertainment.

Ungeachtet der zahlreichen Beschäftigungsmöglichkeiten sollten Eltern das Lieblingsspielzeug nicht zu Hause vergessen, also Kuscheltiere und ähnliches für die Jüngsten, Ipad und andere Gadgets für ältere Kids und Jugendliche. Gerade bei den Kleinsten könnte es sich auch lohnen, vor Ort noch ein paar Buddelsachen oder einen Stoffbären zu erwerben. Ältere hingegen freuen sich über Fahrradtouren oder actiongeladene Ausflüge wie den Besuch einer Zipline oder eines Kletterparks. Je nach Alter und Region laden auch die zahlreichen Vergnügungsparks, Aquarien und Zoos für einen Abstecher ein.

Auf vielen Campingplätzen freuen sich Kinder über einen Spielplatz.

CanaDream
CanaDream

3. Wohnmobil übernehmen

Reisen mit dem RV sind sehr beliebt.

3. Wohnmobil übernehmen

„Vorfreude ist die schönste Freude“ heißt es gern im Volksmund. Doch in der Realität ist es wohl doch noch schöner, nun endlich mit dem gemieteten Wohnmobil durch Kanada zu cruisen. Doch angesichts von Jetlag – und vielleicht ein bisschen Lampenfieber vor dem „ersten Mal“ – sollten die Anreise und die Abholung gut geplant sein.

3.1 Letzte Vorbereitungen zu Hause

Nun endlich geht es los, die lange Zeit des Wartens ist vorbei. Was muss noch kurz vor Abflug erledigt werden? Was muss ins Handgepäck oder in die Reisetasche?

Online-Check-in/Pre-Check-in beim Verleiher (teilweise Pflicht)
Um Zeit und Aufwand bei der eigentlichen Übernahme zu sparen, ist bei vielen Verleihfirmen vorab ein Online-Check-in (auch Pre-

Auf dem Icefields Parkway

Check-in genannt) zwingend nötig. Hierbei werden die persönlichen Daten – etwa Adresse, Kontaktinformationen und Führerscheinnummer – vorab auf einer Website eingetragen. Dann sind die Vertragsdokumente zum Zeitpunkt der Übergabe schon vorbereitet. Somit empfiehlt es sich, diese Angaben noch vor der Abreise online einzutragen. Hinweis: Wer vorab einen Transfer über die Verleihfirma gebucht hat, muss den Online-Check-in möglicherweise schon einige Tage vor der Anreise machen, damit der Transfer nicht entfällt.

Checkliste: Wichtige Dokumente

Damit einem unbeschwerten Roadtrip nichts im Wege steht, sollten Wohnmobil-Urlauber folgende Dokumente und Unterlagen dabei haben:

- Reisepass für jeden Mitreisenden
- Deutscher Führerschein für jeden möglichen Fahrer. Der internationale Führerschein wird erfahrungsgemäß bislang meist nicht gebraucht – wer auf Nummer sicher gehen will, nimmt einen mit. Dies kann insbesondere die Kommunikation mit der Polizei bei Verkehrskontrollen oder Unfällen erleichtern.
- Kreditkarte (Mastercard, Visa, American Express) mit ausreichend hohem Verfügungsrahmen – Vorsicht bei Debit-Karten, die zwar immer beliebter, aber oftmals nicht akzeptiert werden!
- Zweite Kreditkarte als Backup
- Buchungsbestätigung für das Wohnmobil, oftmals auch als Voucher bezeichnet
- Ausdrucke aller Campingplatzbuchungen und Buchungen (beispielsweise für Nationalparks)

Tipp: Wer ganz sicher gehen will, nimmt nicht nur Papierkopien aller Dokumente mit, sondern scannt diese auch ein – und mailt sie sich selbst zu oder speichert sie online in der Cloud (z. B. Dropbox oder ähnliches).

Und natürlich gilt: Rechtzeitig vorab die elektronische Reiseanmeldung ETA (oder ggf. ein Visum) beantragen sowie die Bedingungen für die Einreise nach Kanada beachten. Bei Abstechern in die USA sollten Reisende daran denken, auch die US-amerikanische Reiseanmeldung ESTA zu beantragen, ebenso gegebenenfalls an das I-94-Formular.

Equipment fürs Camping einpacken

Gerade bei einer Wohnmobiltour lohnt es sich, nicht nur Bekleidung, Hygieneartikel, Reiseapotheke und Fotoausrüstung einzupacken. Mit so manchem Gegenstand aus der Heimat wird das Reisen angenehmer – oder preiswerter, weil man es nicht in Kanada extra kaufen muss. Und damit ist nicht nur das Taschenmesser oder Multitool gemeint.

Folgende Ausstattung besser von zu Hause mitbringen:

- Reiseadapter für kanadische Steckdosen
- Mehrfachsteckdose: um mehrere technische Geräte parallel zu laden (mit nur einem Reiseadapter)
- Geschirrtücher: Sind zwar immer an Bord, es schadet aber nicht, ggf. ältere von zu Hause mitnehmen und vor Ort entsorgen.
- Handtücher: Gehören zwar zum „Personal Kit" (wenn gebucht), aber zum Baden oder für den Strand möchte man vielleicht ein weiteres Handtuch haben.
- Badelatschen: für den Gang zum Pool und zur Dusche
- Kaffeezubereiter oder Espressokocher: Um nicht eine Kaffeemaschine extra mieten oder auf lösliches Kaffeepulver ausweichen zu müssen, nehmen manche Reisende einen kleinen Espressokocher für den Gasherd oder einen Kaffeebereiter zum manuellen Aufbrühen mit.
- Drahtbügel und Wäscheklammern: Einige Bügel sind zwar möglicherweise an Bord, manchmal auch Wäscheklammern. Doch wer noch Drahtbügel aus der Reinigung zu Hause hat, sollte einige mitnehmen. So lassen mehr (nasse) Kleidungsstücke aufhängen. Und auch einige Wäscheklammern zur Reserve schaden sicherlich nicht.
- Panzertape: Falls ohnehin zu Hause noch eine Rolle angefangenes Klebeband liegt – mitnehmen. Mit Panzertape, auch als Ducktape bekannt, kann notfalls etwas behelfsmäßig befestigt werden.

- Gutes Messer (nur im Aufgabegepäck!): Wird oft beim Kochen und Grillen vermisst.
- Walkie-Talkies: Bei Roadtrips in Gruppen, beispielsweise zwei Paare mit zwei RVs, bietet es sich an, jedes Fahrzeug mit einen Walkie-Talkie auszustatten. Diese sind nicht teuer, sichern aber ständige und kostenlose Kommunikation während der Fahrt sowie auf dem Campingplatz. Preis: ab etwa 30 Dollar bei der Elektronikkette BestBuy für ein Geräte-Paar.
- Für Familien: Spielzeug für den Nachwuchs
- Last but not least: Reisetaschen sind für Wohnmobilreisende besser geeignete als Koffer!

3.2 Übergabezeit vereinbaren und Transfer organisieren

Viele Wohnmobilverleiher verlangen, dass spätestens am Tag vor der Abholung die exakte Uhrzeit vereinbart wird. Dazu muss der Urlauber „seinen" Vermieter entsprechend anrufen – idealerweise nach der Landung in Kanada. Damit soll die Übernahme des Fahrzeuges möglichst effizient und ohne Wartezeit organisiert werden. Dabei ist zu bedenken, dass viele Firmen eine Abholung nur am Nachmittag anbieten. Eine frühere Abholung (Early Pickup genannt) ist, wenn überhaupt, nur gegen deutlichen Aufpreis und gegen vorherige Buchung möglich.

Und wie kommt man nun zur Mietstation? Da viele Anbieter eher abseits bzw. außerhalb liegen, bieten manche Firmen einen Transfer an. Jedoch wird dieser Shuttle nur zu wenigen bestimmten, zentral gelegenen Hotels offeriert und ist kostenpflichtig bzw. nur in Kombination mit der Zusatzoption „Early Bird Departure" (Abholung vormittags) erhältlich. **Wichtig:** Gerade wer einen Shuttle gebucht hat, muss am Vortag (notfalls am Abholtag gleich morgens) die Verleihstation kontaktieren. Alternativ bietet sich ein Transfer per Taxi oder Mitfahrdienst (Uber oder Lyft) an. Öffentlicher Nahverkehr dürfte in den wenigstens Fällen sinnvoll sein. Ein Mietwagen hingegen lohnt wohl nur, wenn der Reisende ihn mehrere Tage benötigt und nicht nur für den Transfer – sprich für den Weg vom Flughafen zum Hotel und am nächsten Tag weiter zur Wohnmobilstation.

3.3 Fahrzeug abholen

Nun endlich naht der große Augenblick, wenn die Urlauber bei der Station des Vermieters eintreffen. Nur noch Formalitäten und Einweisung stehen einem unvergesslichen Roadtrip im Weg.

Mietbedingungen, Versicherungen und Kaution
Erster Schritt bei der Abholung ist in der Regel ein Check aller Dokumente: Buchungsbestätigung (Voucher), Reisepässe, Führerscheine, Kreditkarte. Wer den Online-Check-in genutzt hat, spart Zeit. Zudem müssen weitere Punkte wie der Versicherungsschutz, kostenpflichtige Extras und Zusatzfahrer final geklärt werden.

Mietbedingungen
Zwar ist manches Kleingedruckte schon bei der Buchung bekannt. Doch den detaillierten Mietvertrag erhalten Kunden erst vor Ort. In den Mietbedingungen sind nur Auszüge enthalten. Vor der endgültigen Unterschrift sollten Reisende – idealerweise alle – die Regeln des Verleihers nochmals gründlich prüfen.

Die wichtigsten Bedingungen im Überblick:

- Alle Schäden am Fahrzeug sind vom Mieter zu tragen. Das finanzielle Risiko lässt sich mit den passenden Versicherungen minimieren.
- Das Wohnmobil darf nur auf freigegebenen Straßen und nur von registrierten Fahrern genutzt werden.
- Kosten wie Bußgelder und Mautgebühren müssen vom Mieter bezahlt werden – und zwar eigenständig und pünktlich. Falls die Verleihfirma – als rechtmäßiger Halter – informiert wird und möglicherweise sogar in Vorleistung gehen muss, fällt meist eine hohe Bearbeitungsgebühr an.
- Bei Unfällen oder Diebstahl muss sofort der Vermieter informiert werden.
- Im Wohnmobil herrscht Rauchverbot. Bei Missachtung drohen hohe Kosten für eine Reinigung.
- Die Rückgabe hat pünktlich zu erfolgen. Jede Stunde Verspätung zieht einen saftigen Zuschlag nach sich.

- Bei der Rückgabe muss das Wohnmobil sauber übergeben werden, der Treibstofftank voll, der Abwassertank leer (siehe auch Kapitel 10, Rückgabe).
- Bei einer vorzeitigen Rückgabe werden ungenutzte Miettage nicht erstattet. Gleiches gilt, wenn die gebuchten Kilometerpakte nicht vollständig ausgeschöpft werden.
- Streckenbeschränkungen sind einzuhalten (siehe auch Kapitel 1, Roadtrip planen).

Bei der Übernahne sollten sich Reisende alles gut erklären lassen.

Versicherungen und Kaution

Hier gilt besondere Vorsicht! Je nach Reiseveranstalter sind möglicherweise alle notwendigen Versicherungen abgeschlossen, sofern nötig oder gewünscht. Manche Mitarbeiter von Verleihfirmen versuchen dennoch, dem Urlauber weitere Versicherungen zu verkaufen, obwohl diese möglicherweise schon vorhanden sind!

Je nach individuellem Vertrag kann eine Kaution (Sicherheitsleistung) für mögliche Schäden am Fahrzeug oder Bußgelder fällig werden. Diese kann durchaus 2000 Dollar pro Buchung betragen und wird von der Kreditkarte des Mieters (Hauptfahrer) abgebucht oder blockiert. Nach Rückgabe wird die Kaution in voller Höhe bzw. anteilig zurück gebucht. Reisende sollten daher auf einen ausreichend hohen Verfügungsrahmen achten. Wechselkursschwankungen gehen im Übrigen zu Lasten des Mieters (wenn der kanadische Dollar im Vergleich zum Euro nachgibt).

Zuweilen wird angeboten, durch eine kostenpflichtige Zusatzversicherung die Kaution zu reduzieren – in manchen Fällen sogar auf null Dollar. Dies muss jeder individuell entscheiden: Manch einer geht auf Nummer sicher; ein anderer sieht die Chance, die Reisekosten zu senken. Aber Achtung: Bei manchen All-Inclusive-Paketen ist solch ein Rundumschutz schon enthalten. Manche Reiseveranstalter schließen für alle Kunden eine sogenannte Null-Selbstbehalt-Versicherung ab. Darüber ist der geschuldete Selbstbehalt versichert, sollte es zu einem versicherten Schadensfall kommen.

Zusatzfahrer

Damit neben dem offiziellen Mieter auch Mitreisende das Wohnmobil steuern dürfen, müssen diese jetzt in den Vertrag eingetragen werden. Voraussetzung: Sie verfügen über die entsprechende Berechtigung und können ihren Führerschein vorzeigen. Ob für den bzw. die Zusatzfahrer eine Gebühr anfällt, hängt von Vertrag und Vermieter ab.

Fahrzeugtausch

Gerade in der Hauptsaison oder an kleineren Stationen erhält der Mieter zuweilen ein größeres Wohnmobil als ursprünglich gebucht. Zu solch einem Upgrade ist die Verleihfirma berechtigt, falls die vertraglich vereinbarte Fahrzeugkategorie unerwartet nicht zur Verfügung steht. So kann es in seltenen Fällen dazu kommen, dass der Urlauber statt eines Fahrzeug der gebuchten Klasse C21-27 ein größeres Modell erhält, beispielsweise ein Wohnmobil der Kategorie C28-34. Für den möglichen höheren Spritverbrauch muss allerdings der Mieter aufkommen. Doch keine Sorge: Eine kleinere rollende Ferienwohnung als „Downgrade" droht indes nicht. Gut zu wissen: Man bucht stets nur eine Kategorie mit einer bestimmten Anzahl an Sitz- und Schlafplätzen – nie eine bestimmte Konfiguration. Je nach Baujahr des Wohnmobils können sich auch Fahrzeuge einer Modellreihe leicht unterscheiden.

Kostenpflichtige Extras

Größe und Grundausstattung des Fahrzeugs stehen zwar schon mit der Buchung fest. Doch jeder Vermieter bietet noch Extras, welche die Reise komfortabler gestalten lassen. Aber Achtung: Die

Palette an kostenpflichtiger Zusatzausstattung variiert je nach Anbieter.

Wer es nicht schon gebucht oder in einem Paket wie „All Inclusive" ohnehin inkludiert hat, sollte spätestens jetzt das „Kitchen Kit" und für jeden Mitreisenden jeweils das „Personal Kit" buchen. Denn es dürfte erfahrungsgemäß nicht nennenswert preiswerter sein, diese Utensilien vor Ort bei Walmart, Safeway, Canadian Superstore, Dollar Tree oder anderswo zu erwerben. Je nach Reiseveranstalter sind diese Extras möglicherweise bereits im Preis inbegriffen.

Auch wenn auf den Campgrounds meist Picknicktische und -bänke vorhanden sind: Mit gemieteten Stühlen – sowie bei Bedarf einem Tisch – sind Reisende flexibler und haben auch bei Pausen das passende Equipment dabei. Zuweilen lassen sich gegen eine geringe Gebühr auch eine Kaffeemaschine (manchmal auch Nespressomaschinen samt passender Kapseln), Toaster und Heizlüfter mieten. Auch Fahrräder samt passender Halterung sind teilweise erhältlich.

Wichtig für Familien: Kindersitze und Sitzerhöhungen können bei manchen Anbietern gemietet werden! Allerdings ist nicht jedes Fahrzeug dafür geeignet. Diese Fragen unbedingt vor der Buchung über den Reiseveranstalter verbindlich klären!

Ob ein Navigationsgerät benötigt wird, hängt stark von persönlichen Vorlieben ab. Viele nutzen Apple oder Google, ausreichendes Datenvolumen und entsprechende Netzverfügbarkeit vorausgesetzt. Andere setzen auf Apps, die das Herunterladen von Kartenmaterial sowie entsprechende Offline-Navigation ermöglichen, beispielsweise *maps.me* (für iOS und Android). Wer hingegen öfters nach Kanada reist, für den lohnt meist es sich schon mit der zweiten Reise, vor Ort ein günstiges kanadisches Navigationsgerät zu erwerben – beispielsweise ab rund 130 Dollar bei der Elektronikkette BestBuy.

Theoretische Fahrzeugeinweisung

Ergänzend zu den Formalitäten findet noch im Office ein Teil der praktischen Einweisung statt: per Video! Mittels eines kurzen

Films lernen die Urlauber ihr Vehikel kennen. Hierbei werden wichtige Funktionen, beispielsweise die Wasserversorgung und der Stromanschluss, erläutert – oftmals sogar auf Deutsch. Diese Videos sind zuweilen auch auf der Website des Anbieters, in einer App oder sogar auf Youtube zu finden. Somit können sich Reisende diese Videos auch unterwegs anschauen, wenn Fragen aufkommen – oder auch schon zu Hause vor Beginn der schönsten Wochen des Jahres.

Stauraum: von außen zugänglich

Praktische Fahrzeugeinweisung

Nun endlich geht es aus dem Office hinaus auf den Hof, wo die fahrbare Ferienwohnung wartet – der große Moment. Oder anders gesagt: Schritt zwei der Übernahme.

Wichtigster Grundsatz: Man sollte sich alles zeigen und erklären lassen – idealerweise auch vorführen lassen. Wirklich alles! Nur so lassen sich unliebsame Überraschungen vermeiden, wenn beispielsweise erst nach etlichen Kilometern festgestellt wird, dass wichtige Ausrüstung fehlt. Und auch falls der Mitarbeiter der Verleihfirma in Zeitnot ist, sollten Reisende auf eine ausführliche und umfassende Einweisung Wert legen.

Tankstutzen: am besten auch zeigen lassen!

Die wichtigsten Fragen:

- Sind Personal und Kitchen Kit an Bord?
- Sind die gebuchten Kindersitze ins Wohnmobil geräumt?
- Ist die gebuchte Zusatzausstattung (beispielsweise Campingstühle, Toaster und Navigationsgerät) vorhanden?
- Wo ist der Tank und wie wird er geöffnet? Wird Benzin (im Regelfall, oder ausnahmsweise Diesel) getankt?
- Wie hoch und wie lang ist das Wohnmobil?
- Sind Beulen oder Kratzer bzw. Schäden an der Windschutzscheibe vorhanden, die vom Vormieter verursacht wurden? Wenn ja, unbedingt gut und verständlich im Vertrag dokumentieren, damit man selbst nicht für vorhandene Schäden der Vormieter haften muss!
- Wie funktionieren die verschiedenen Wasseranschlüsse? Und wo finden sich die Schläuche?

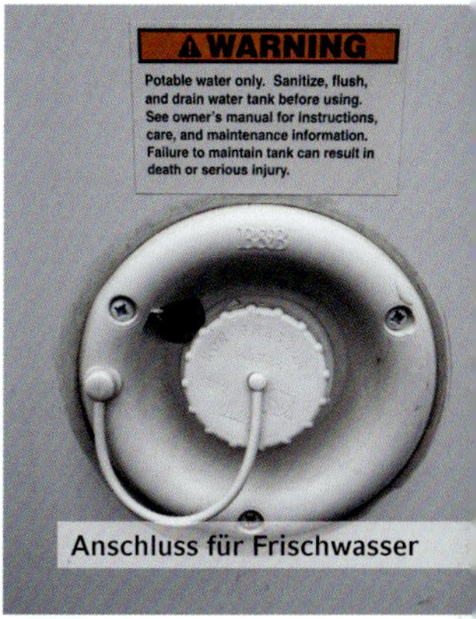

Anschluss für Frischwasser

- Sind Gasherd und Stromanschluss funktionstüchtig? Was ist bei der Gasanlage zu beachten?
- Kontrollpanel (englisch: Monitor) für Wasserstand und Co. erklären lassen!
- Funktionieren Klimaanlage und Heizung? Am besten testweise einschalten!
- Falls vorhanden und benötigt: Was muss bei der Benutzung des Generators beachtet werden?
- Ist der Kühlschrank eingeschaltet? Da meist direkt nach der Übernahme ein Supermarkt angesteuert wird, sollte vor der Abfahrt der Kühlschrank eingeschaltet werden!
- Wo liegt das Benutzerhandbuch?

Wenn alles – wirklich alles (!) – verstanden ist, heißt es: Reisetaschen, Rucksäcke und Co. einladen und einsteigen. Auf geht's!

Pflichten des Mieters

Auch bei einem Wohnmobilurlaub müssen gewissen Regeln eingehalten werden – beispielsweise Vorgaben des Vermieters oder

Bedingungen, damit ein vereinbarter Versicherungsschutz tatsächlich mögliche Schäden ersetzt. Letzteres gilt umso mehr, falls zusätzlich zur Assekuranz der Vermieters weitere Versicherungen durch Dritte, beispielsweise über den Reiseveranstalter, abgeschlossen wurden.

Zu den wichtigsten Regeln zählen:

- Bei Fahrten unter Alkohol oder Drogen erlischt jeglicher Versicherungsschutz!
- Wenn auf Fahrten außerhalb des zugelassenen Streckennetzes Schäden entstehen, werden diese nicht ersetzt. Auch Abschleppkosten und ähnliches gehen zu Lasten des Mieters.
- Entsteht ein Schaden durch einen Fahrer, der nicht als Zusatzfahrer im Mietvertrag eingetragen ist, zahlt die Versicherung ebenfalls nicht.
- Wird der falsche Treibstoff eingefüllt, trägt der Mieter die Kosten für das Ablassen des falschen Sprits. Richtig teuer wird es, wenn der Motor bereits gestartet wurde und der falsche Treibstoff aus dem Tank in die Leitungen des Fahrzeugs geflossen ist.

Letzter Schritt vor der Abfahrt: Gepäck einladen

- Beim Manövrieren und Rangieren sollten Mitreisende helfen und den Fahrer ggf. einweisen. Manche Vermieter schreiben dieses Vorgehen sogar per Mietvertrag vor, damit mögliche Schäden von der Versicherung übernommen werden können.
- Schäden am Aufbau sind nicht versichert. Also unbedingt auf Länge, Breite und Höhe enger Durchfahrten achten. Manchmal passt ein Wohnmobil schon nicht unter das Dach einer Tankstelle!
- Die Versicherung der Verleihfirma übernimmt nicht die Schäden am persönlichen Eigentum oder die Kosten für Verletzungen der Reisenden (beispielsweise bei Unfällen).
- Kommt der Mieter nicht seinen Pflichten zur regelmäßigen Kontrolle des Fahrzeugs (unter anderem bezüglich des Ölstands) nach, trägt er die Kosten für mögliche Schäden (siehe auch Kapitel 8, On the Road).

Mietvertrag unterschreiben

Bevor der Mietvertrag endgültig unterschrieben wird, sollte dieser nochmals gründlich gelesen werden – am besten von allen Fahrern bzw. erwachsenen Mitreisenden. Auch sollte geprüft werden, ob alle vereinbarten Zusatzleistungen wie Zusatzfahrer und ein verbesserter Versicherungsschutz entsprechend vermerkt sind. Und bei Unklarheiten vor der Unterzeichnung besser sofort nachfragen!

4. Die ersten Meter

Bis zum ersten Campingplatz sammeln Reisende schon viel Fahrpraxis.

4. Die ersten Meter

Nach der erfolgreichen Übergabe mit Papierkram und Einweisung kann es endlich losgehen: Das Abenteuer „Kanada mit dem Wohnmobil" beginnt. Doch bei derart großen Fahrzeugen – bis zu zehn Meter lang und bis zu drei Meter breit – ist Vorsicht geboten. Im Vergleich zu einem deutschen Mittelklasse-Pkw wirken die RVs doch eher wie Kolosse. Aber keine Sorge: Das Straßennetz in Kanada ist wie gemacht für solche rollenden Eigenheime.

Nicht vergessen: Außenspiegel einstellen!

4.1 Neues Fahrgefühl

Gleichwohl, für die ersten Meter empfiehlt sich ein gemächlicher Start, um sich mit dem Wohnmobil vertraut zu machen. Denn neben den Dimensionen und einem Fahrzeuggewicht von fünf bis acht Tonnen unterscheiden sich auch die Fahreigenschaften: langsamere Beschleunigung, höherer Schwerpunkt (und damit windanfälliger) und vor allem ein deutlich längerer Bremsweg! Und nicht vergessen: Sitze und Spiegel einstellen.

Nach der Abfahrt suchen sich gerade Einsteiger am besten eine Nebenstraße und proben mal eine Vollbremsung. Auch enge Kurven und das Abbiegen können anfänglich eine kleine Herausforderung darstellen. Doch keine Sorge: Nach den ersten Kilometern fährt es sich meist schon fast wie zu Hause. Gelassenheit im Urlaub hilft ebenfalls.

4.2 Erste Fahrtipps

Beim Spurwechsel und Abbiegen nach rechts ist Umsicht geboten: Viele „klassische Wohnmobile", also mit einem Alkoven, sind hinten meist breiter als vorne. Daher kann der Fahrer schnell den Überblick verlieren. Gerade bei unübersichtlichen Kreuzungen

Unbedingt beachten: RVs haben andere Fahreigenschaften.

und Einfahrten kann es helfen, wenn der Beifahrer ebenfalls einen Blick auf die Straßen wirft, vor allem nach rechts.

Beim Wenden und an Kreisverkehren sowie beim Einparken sollten Urlauber an die Länge des Fahrzeugs denken, gerade bei der Klasse C30. Diese lassen sich aufgrund der Größe weniger gut manövrieren als der heimische Pkw. Beim Fahren unbedingt auf ausreichend Sicherheitsabstand achten!

Auch wenn Wohnmobile mit einem Automatikgetriebe ausgestattet sind – in den Bergen sollten Reisende zuweilen auch manuell schalten, gerade bergab: Dafür gibt es neben den vier normalen Einstellungen (P, R, N, D) zusätzlich den sogenannten Low-Gear (manchmal auch als L2 und L3 vorhanden). In manchen Fahrzeugen existiert auch eine Tow/Haul-Funktion. Doch unabhängig vom

Rogers Pass

Namen: Damit wird bergab die Motorbremse aktiviert, bergauf mehr Power übertragen. An vielen steilen Passagen stehen entsprechende Warnschilder. Wer sich an diese Hinweise hält und die Motorbremse nutzt, erhöht die Sicherheit für alle Verkehrsteilnehmer und schont die Bremse.

4.3 Wichtige Verkehrsregeln

Allein schon das gewohnte Fahren auf der richtigen Seite – also mit Rechtsverkehr wie im deutschsprachigen Raum – vereinfacht die Umstellung. Zudem werden in Kanada wie hierzulande Geschwindigkeit und Entfernung in Kilometern angegeben (und nicht in Meilen wie in den USA).

Allerdings gibt es in Kanada einige Regeln, die sich doch gravierend zu Deutschland unterscheiden. Um die Urlaubskasse nicht unnötig zu plündern, sollten sich Reisende an die Regeln halten. Schon ein Überfahren eines Stopp-Schildes oder ein kleiner Verstoß gegen das Tempolimit können schnell 100 Dollar und mehr kosten.

Ungewohnt: In Kanada ...

Gut zu wissen: Irritierend in französischsprachigen Regionen könnten Verkehrszeichen in Französisch sein. Zudem dürfen Provinzen und Territorien eigene Regeln erlassen – also im Zweifelsfall vor Ort nach den regionalen Bestimmungen fragen!

Ampeln

In Kanada sind Ampeln anders als in Deutschland postiert: Sie stehen hinter der Kreuzung, nicht vor der Kreuzung. Daran gewöhnen sich viele Fahrer schnell, mache empfinden es sogar einfacher als zu

... stehen Ampeln hinter der Kreuzung.

Hause. Ein grüner Linksabbiegepfeil besagt, dass der Gegenverkehr rot hat. Wer an einer roten Ampel rechts abbiegen möchte, darf dies im Regelfall – es sei denn, ein Schild verbietet das oder es gibt eine ausgewiesene Rechtsabbiegespur. Wichtig: In Montréal (Provinz Québec) ist das Rechtsabbiegen bei roter Ampel verboten.

Vier-Stopp-Kreuzungen

Die Regel „Rechts vor links" besteht in Kanada prinzipiell nicht: Entweder gilt Vorfahrt oder Stopp (gekennzeichnet als „STOP" oder „ARRÊT"). Gerade in Nebenstraßen findet sich die sogenannte

Hier müssen alle Fahrer stoppen.

„Vier-Stopp-Kreuzung“, meist mit dem Schild „All Way“ oder „4-Way“ eigens gekennzeichnet. Hier müssen alle Fahrzeuge anhalten und fahren in der Reihenfolge weiter, wie sie angehalten haben, bezogen auf die weiße Haltelinie. Bei Kreuzungen mit zwei Stoppschildern und dem Zusatz „2-WAY“ haben Fahrzeuge auf der Hauptstraße Vorfahrt. Manchmal wirkt das Ungewohnte verwirrend – dann lieber eine Sekunde länger warten und die Reaktion der anderen abwarten, als zu früh zu fahren. Nur wenn wirklich beide Autos gleichzeitig eintreffen, gilt wiederum doch „Rechts vor links“. Wer unsicher ist, verständigt sich per Handzeichen.

Schulbusse

Vorsicht bei Schulbussen: An haltenden Schulbussen darf nicht vorbei gefahren werden, solange das Warnblinklicht des Busses eingeschaltet ist. Dies gilt auch für Fahrzeuge auf der anderen Straßenseite im Gegenverkehr.

Wenn Schulbusse anhalten und das Warnblinklicht einschalten, müssen alle anderen warten.

Tempolimits

Geschwindigkeitsbegrenzungen sollten unbedingt eingehalten werden. Wer zu schnell unterwegs ist, muss auch bei geringen Übertretungen oftmals deutlich höhere Strafen löhnen als in Deutschland. Navigationsgeräte und -apps informieren meist über das jeweilige „Speed Limit". Doch nicht immer sind die Angaben aktuell. Radarwarner sind verboten.

Wer zu schnell fährt, muss mit hohen Strafen rechnen.

Im Regelfall gelten folgende Höchstgeschwindigkeiten:
In Ortschaften: 40 bis 50 km/h
(vor Schulen oftmals 30 km/h)
Außerhalb: 80 bis 100 km/h

Das jeweilige Tempolimit ist strikt einzuhalten – bei Kontrollen gibt es keine Toleranz.

Langsam fahrende Fahrzeuge, beispielsweise an steilen Pässen, müssen Haltebuchten nutzen, wenn sich hinter ihnen mehrere Fahrzeuge deswegen in einer Kolonne stauen. Denn auch Autofahrer, die zu langsam unterwegs sind, können belangt werden.

Promillegrenze

Alkohol? Ja, aber! Grundsätzlich ist Alkohol am Steuer gestattet. Die Promillegrenze liegt laut ADAC landesweit bei 0,5 Prozent, wobei regional andere Regeln gelten können. Für Fahrer unter 21 und sowie Fahranfänger (für die ersten zwei Jahre) gilt stets 0,0 Promille. **Aber:** Bei Mietern von Wohnmobilen erlischt im Regelfall der Versicherungsschutz, wenn diese alkoholisiert einen Unfall verursachen (siehe auch Kapitel 3.3., Mietbedingungen, Versicherungen und Kaution). Also besser unterwegs auf den Alkohol verzichten und das Feierabend-Bier erst genießen, wenn das Wohnmobil seine finale Parkposition erreicht hat.

Gut zu wissen: Alkohol darf in Wohnmobilen nicht in Reichweite des Fahrers gelagert werden. Idealerweise sollten Flaschen noch original verschlossen sein.

Parkplätze

Je nach Provinz können die Regeln variieren. Grundsätzlich darf nur in Fahrtrichtung geparkt werden.

Parkuhren werden zunehmend durch Apps ersetzt.

Fünf Meter Abstand ist zu halten zu Hydranten, Ampeln, Stoppschildern, Fußgängerüberwegen, Abbiegungen sowie Ein-/Ausgängen von Schulen, Hotels, Kinderspielplätzen und ähnlichen Einrichtungen. Teilweise sind solche Parkverbote mit einem gelb gestrichenen Bordsteinrand markiert.

Auf kostenpflichtigen Parkplätzen sollten Wohnmobilfahrer beachten, dass sie oftmals mehr als einen Stellplatz benötigen und dementsprechend auch doppelt bezahlen müssen. Andernfalls droht ein Strafzettel. Neben Parkuhren, die zuweilen die Eingabe des Nummern-

Stellflächen sind für RVs meist zu klein: Wer zwei benötigt, muss doppelt zahlen.

Gerade in Nationalparks gibt es ausgewiesene Parkplätze für RVs.

schildes oder die Nummer des Stellplatzes erfordern, werden auch Apps immer beliebter.

Verhalten bei Verkehrskontrollen

Meist signalisiert die Polizei mit eingeschalteter Sirene und rotblauen Leuchtzeichen, dass ein Fahrzeug anhalten soll. In diesem Fall gilt: rechts heranfahren, stoppen, Fenster an der Fahrertür herunterlassen und ruhig bleiben. Der Fahrer sollte seine Hände idealerweise auf das Lenkrad legen, auch die Mitfahrer vermeiden hektische Bewegungen besser. Polizisten sind oft in Sorge, dass plötzlich eine Waffe gezogen wird. Also, ruhig verhalten und freundlich reagieren, wenn nach Führerschein und Papieren gefragt wird. Die Hände am besten erst nach Rücksprache mit dem Officer vom Lenkrad nehmen, um die Unterlagen herauszugeben. Gerade das unbedachte Öffnen des Handschuhfachs sollte vermieden werden.

Sicherheitsgurte und Kinder

Selbstverständlich müssen auch in Kanada alle Insassen angeschnallt sein. Kinder benötigen zugelassene Kindersitze (siehe auch Kapitel 2.4, Reisen mit Kindern).

HOV Lane (High Occupancy Vehicle Lane)

Die sogenannten HOV-Spuren dürfen nur Fahrzeuge mit der nötigen Mindestzahl an Insassen befahren. Diese Spuren sind mit einem Karo gekennzeichnet. Schilder geben an, zu welchen Uhrzeiten die HOV-Regeln gelten und wie viele Personen mindestens im Wohnmobil sitzen müssen. Allerdings gestatten die Vermieter das Befahren der HOV-Spuren meist nur Mietern kleinerer Wohnmobile (Van Conversion, Truck Camper, C-Small).

Unfälle

Auch wenn es nur Blechschäden sind, muss bei Unfällen immer Polizei hinzugezogen werden (Telefon 911). Zudem ist es zwingend vorgesehen, den Verleiher des Wohnmobils innerhalb von 24 Stunden zu informieren, um nicht den Versicherungsschutz zu gefährden.

Weitere wichtige Regeln

Auf allen Straßen gilt: auch tagsüber mit Abblendlicht oder Tagfahrlicht fahren. Auf Autobahnen darf links und rechts überholt werden.

Vorgaben der Polizei sind unbedingt zu beachten.

Bußgelder

Verstöße im Straßenverkehr sind in Kanada deutlich teurer als in Deutschland. Zudem sollte Autofahrern bewusst sein, dass Strafen und Bußgelder je nach Region unterschiedlich teuer ausfallen können. Wer das Tempolimit um 20 Stundenkilometer überschreitet, zahlt beispielsweise in Ontario 95 Dollar und in British Columbia 138 Dollar. Parkverstöße kosten rund 40 Dollar. Wird eine rote Ampel missachtet, werden rund 140 Dollar fällig. Telefonieren ohne Freisprecheinrichtung zieht ein Bußgeld von mehr als 300 Dollar nach sich, ein Verstoß gegen die Gurtpflicht wird mit 170 Dollar geahndet. Wer mit bzw. zu viel Alkohol am Steuer erwischt wird, dem drohen Geldstrafen von 250 Dollar und mehr.

Strafen bezahlen

Wer Strafzettel (Tickets) nicht rechtzeitig bezahlt, muss mit Problemen bei der nächsten Einreise rechnen.

Kurze Pause in den Rocky Mountains

Gerry
WINE SHOP
LOCAL FREESTONPEACH
LOCAL AMBROSIA GALA
LOCAL
FREESTONE
PEACHES

5. Der erste Einkauf

Nach dem Abholen führt die erste Fahrt meist zum Supermarkt.

5. Der erste Einkauf

Nach den ersten Kilometern im rollenden Ferienheim bietet sich als erstes ein Stopp bei einem großen Supermarkt an. Neben Lebensmittel stehen meist auch Drogerieartikel und weiteres Equipment auf der Einkaufsliste.

Und wer nicht ohnehin Bargeld aus Deutschland mitgebracht hat, sollte jetzt auch kurz am Geldautomaten vorbei schauen. Natürlich kann in Kanada oftmals bequem mit Kreditkarte bezahlt werden. Doch manche Campgrounds (vor allem staatliche) müssen cash bezahlt werden (am jeweiligen Eingang im Umschlag in eine Box werfen).

5.1 Großeinkauf

Die Preise in Kanada sind tendenziell höher als hierzulande, wobei der Vergleich auch vom jeweils gültigen Wechselkurs abhängig ist. Außerhalb der Metropolen, sprich in ländlich-abgelegenen Regionen, und in touristischen Regionen muss mit deutlich höheren Preisen gerechnet werden.

Kleiner Country Store oder großer ...

Für den ersten Einkauf steuern viele Urlauber den nächsten großen Supermarkt an, beispielsweise eine Filiale von Walmart, Safeway oder Canadian Superstore. Hier findet sich alles, was das Camper-Herz begehrt: von Lebensmitteln über Drogerieartikel und Bekleidung bis zum tragbaren Grill – wobei Walmart im Non-Food-Bereich meist mehr Auswahl bietet. Perfekt für die Erstausstattung. Viele Geschäfte sind meist an sieben Tagen geöffnet und oft auch abends lange zugänglich. Das erleichtert den Einkauf.

Doch was gehört nun in den Einkaufswagen? Der tägliche Speiseplan hängt natürlich stark vom persönlichen Geschmack ab. Marmelade, Nutella oder Ahornsirup, Käse oder Schinken, Tee oder Kaffee – das muss natürlich jeder Reisende für sich entscheiden. Grundsätzlich werden Lebensmittel für morgens, mittags und abends benötigt, dazu Snacks und Getränke sowie ein paar Basisprodukte. Wie auch für den Wochenendeinkauf in Deutschland empfiehlt es sich, vorab eine Liste zu machen – damit niemand unnötig im Urlaub in Einkaufsstress gerät.

Zu den Standards beim ersten Großeinkauf zählen beispielsweise Kräuter, Olivenöl, Ketchup und ähnliche Lebensmittel, die den gesamten Urlaub über gebraucht werden. Tipp: Manches davon findet der Reisende zuweilen auch in speziellen „Reste-Regalen" bei den Verleihfirmen: Dort deponieren manchmal frühere Mieter ihre nicht verbrauchten Lebensmittel, wenn sie ihr Fahrzeug zurückgeben. Neben frischen Produkten wie Gemüse und Fleisch bietet es sich an, auch einige Konserven wie Ravioli einzukaufen, wenn es abends mal schnell gehen soll. Wer einen Backofen an Bord hat, kann in solchen Fällen auf Tiefkühlpizza ausweichen. Ausrei-

... Supermarkt: Die Versorgung mit Lebensmitteln ist gesichert.

chend Platz ist in den Schränken vorhanden, für Getränke bieten sich auch die von außen zugänglichen Fächer an (sofern vorhanden).

Große Auswahl im Supermarkt

Neben Lebensmitteln werden zuweilen noch weitere Produkte benötigt. Dazu zählen vor allem Geschirrspülmittel, Putzlappen, Flüssigseife, einlagiges Toilettenpapier, Müllbeutel, Küchenrolle und ähnliche Utensilien, wie man sie auch in Deutschland tagtäglich verwendet. Andere Dinge des täglichen Bedarfs wie Haarshampoo, Duschgel oder Zahnpasta dürfen ebenfalls nicht fehlen, werden aber meist aus Deutschland mitgebracht.

Auch für mehr Komfort beim Camping bietet sich so manches an, was beim ersten Stopp in einem Supermarkt erworben werden kann. Dazu zählen beispielsweise Teelichter und Citronella-Kerzen gegen Insekten, Feuerzeug bzw. Streichhölzer, Campingstühle (sofern nicht ausgeliehen), Tischdecken für ein hübscheres Ambiente und ähnliches. Manche erwerben gerade bei längeren Aufenthalten überdies bequeme Liegestühle, wärmende Fleecedecken, Hängematten sowie Luftmatratzen fürs Meer oder den See. Auf keinen Fall sollten Reisende vergessen, ausreichend Chemikalien für die Bordtoilette zu erwerben. Im Regelfall liefern die Vermieter nur ein Basissortiment mit, und nicht alle verkaufen diese Mittel auch im Depot.

Je nach Urlaubsregion – etwa im Jasper National Park – sollte auch der Kauf von Bärenspray erwogen werden. Dieses ist vor Ort in den Visitor Centres erhältlich und lässt sich zuweilen kostengünstig auch tageweise ausleihen. Manche Geschäfte nehmen die Flasche auch wieder entgegen und zahlen den Kaufpreis anteilig zurück. Gerade bei längeren Aufenthalten und/oder Touren ins Hinterland (Backcountry) sollte die Mitnahme von Bärenspray geprüft werden.

Lebensretter: In manchen Regionen sollten Reisende Bärenspray mitnehmen.

5.2 Einkaufsliste für den Lebensmitteleinkauf

- Zucker, Salz, Gewürze (Pfeffer etc.), Soßen (Ketchup, Senf, Salat, Sour Cream, Sandwich) etc. sowie Essig und Öl
- Brot, Brötchen, Bagels und süße Backwaren (Muffins etc.)
- Cornflakes und Milch, ggf. fertiger Pancake-Teig (mit Wasser)
- Wurst und Käse, Marmelade, Nutella, Ahornsirup sowie Butter bzw. Margarine
- Tee bzw. Kaffee (ggf. Pulver für heißes Wasser, falls keine Kaffeemaschine vorhanden)
- Eier
- Gemüse (frisch und Konserve), Maiskolben
- Beilagen wie Nudeln (plus Soßen), Kartoffeln oder Reis
- Fleisch oder Würstchen für Pfanne, Grill oder Lagerfeuer
- Obst und ggf. getrocknete Früchte
- „Notfall-Essen“ wie Suppen, Ravioli oder Tiefkühlpizza

- Eis (falls Gefrierschrank vorhanden)
- Snacks wie Kekse, Schokolade und Joghurts sowie Marshmallows fürs Lagerfeuer
- Getränke wie Mineralwasser, Säfte, Softdrinks sowie bei Bedarf Bier und Wein (erhältlich in separaten Läden)

Tipp: Leere Kartons aus dem Supermarkt mitnehmen, um Lebensmittel im RV besser zu verstauen!

5.3 Einkaufsliste für Drogerie- und Campingbedarf

- Geschirrspülmittel
- Putzlappen
- Geschirrhandtücher
- Flüssigseife
- Toilettenpapier (einlagig für Verwendung im RV!)
- Müllbeutel
- Küchenrolle
- Ggf. Alufolie und Brotbeutel
- Waschmittel
- Kleenex
- Flüssigseife und/oder Handdesinfektionsmittel
- Toilettenchemikalien
- Teelichter bzw. Citronella-Kerzen gegen Insekten
- Feuerholz sowie ggf. portabler Grill
- Feuerzeug oder Streichhölzer
- Campingstühle (falls nicht gemietet)
- Tischdecken, Fleecedecken
- Beschichtete Pfanne (falls nicht vorhanden)
- Luftmatratzen fürs Meer oder Hängematten
- Arbeitshandschuhe (falls nicht vom Vermieter gestellt)
- Bei Bedarf: Angelzeug und ggf. Bärenspray (in Nationalparks erhältlich)
- Sonnencreme und Aftersun
- Insektenschutz
- Duschgel
- Haarshampoo
- Zahnpasta

5.4 Anregungen für den Speiseplan

Waffeln mit Ahornsirup

Breakfast:

- Rühreier mit Speck (besser nur in beschichteten Pfannen)
- Pancakes (selbst gemacht oder als Fertigmischung) mit Ahornsirup

Lunch:

- Salat (selbst gemacht oder aus dem Supermarkt)
- Sandwiches oder Wraps (selbst gemacht oder aus dem Supermarkt)
- Seafood aus der Fischtheke im Supermarkt

Dinner:

- Allerlei vom Grill (Burger, Steaks) mit Maiskolben (in Alufolie grillen, buttern und salzen), Gemüse oder Salat sowie Baguette
- Tortillas mit Bohnen, Pilzen, Mais, mexikanischer Soße und Hähnchenfleisch
- Gebackene Kartoffeln (in Folie backen) mit Sour Cream und Speckwürfeln (Bacon bits)
- Bratkartoffeln und Rühreier
- Div. Fleisch in der Pfanne
- Nudeln mit Beilagen
- Kartoffel-Möhren-Eintopf (ggf. im gusseisernen Dutch-Oven im Lagerfeuer)
- Gemüsepfanne

6. Der erste Abend

Idylle auf dem Campingplatz

6. Der erste Abend

Nun kann das Abenteuer wirklich beginnen! Nach der erfolgreichen Übernahme und dem Großeinkauf wird es wirklich Zeit, die ersten Kilometer auf einem unvergesslichen Roadtrip zu genießen. Der erste Abend – vielleicht schon mit Kaltgetränk und Lagerfeuer – lässt jetzt nicht mehr lange auf sich warten.

Endlich: das erste Lagerfeuer

6.1 Campingplatz finden

Idealerweise steuern Urlauber am ersten Tag einen Campingplatz an, der nicht allzu weit vom Depot des Vermieters entfernt liegt. Denn Abholen und Einkaufen können durchaus mehrere Stunden dauern, und wer vielleicht sogar erst nachmittags mit diesen Vorbereitungen fertig ist, hat schon einen langen Tag hinter sich – und umgekehrt ist je nach Jahreszeit und Region der Sonnenuntergang nicht mehr fern. Faustformel: Vom Supermarkt bis zum Stellplatz sollte die Fahrt nicht länger als 90 bis maximal 120 Minuten dauern. Je kürzer, desto besser. Wer in Calgary startet, könnte beispielsweise auf dem Mount Kidd RV Park im Kananaskis-Tal, circa 1,5 Stunden von Calgary entfernt, übernachten.

Am besten planen Reisende gerade den ersten Tag besonders gut. GoogleMaps und ähnliche Apps helfen, die Fahrtzeiten zwischen Verleihstation, Supermarkt und Campingplatz abzuschätzen. Und gerade für den ersten Abend lohnt es sich, einen Stellplatz zu reservieren (siehe auch Kapitel 1.4, Wo übernachten? Arten von Campingplätzen) und sich so unnötigen Stress bei einer möglichen Suche zu ersparen. Gerade am ersten Abend empfiehlt es sich, einen Stellplatz mit Stromanschluss zu buchen, um die Batterien des Fahrzeugs sowie eigene Akkus für Kameras und ähnliches nochmals zu laden.

6.2 Einchecken und Einparken

Ist der Campingplatz erreicht, führt bei kommerziellen Anlagen oder großen staatlichen Plätzen der erste Weg zur Rezeption. Nach dem Bezahlen erfährt der Gast die Nummer seines Stellplatzes und bekommt, falls vorhanden, die Zugangskarte für die Schranke. Zuweilen gibt es auch Schlüssel oder einen vierstelligen Code, damit Toiletten und Duschen genutzt werden können. Übrigens: Bei vielen Campingplätzen, etwa der landesweiten KOA-Kette, ist das Büro nicht rund um die Uhr besetzt. Wer außerhalb der Öffnungszeiten anreist, sollte vorher anrufen. Dann wird geklärt, wo ggf. die Schlüssel oder ähnliches zu finden sind. Denn bei gesicherten Anlagen, etwa mit einer Schranke, lässt sich sonst das Wohnmobil nicht wie geplant über Nacht parken.

Bei manchen staatlichen Plätzen sowie außerhalb der Öffnungszeiten der örtlichen Offices in National und Provincial/Territorial Parks müssen sich Reisende an der Einfahrt selbst registrieren („Self registration“), wenn vorab keine Reservierung getätigt wurde. Dazu muss ein Formular ausgefüllt werden – ein Abschnitt muss am Stellplatz bzw. im Wohnmobil sichtbar aus-

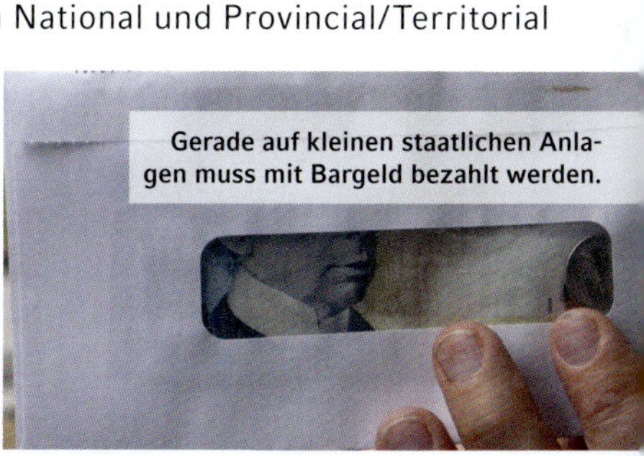

Gerade auf kleinen staatlichen Anlagen muss mit Bargeld bezahlt werden.

gehängt oder ausgelegt werden, ein weiterer Abschnitt geht mit dem Geld in einen Briefumschlag und dann in eine Box. Für solche Fälle sollten Reisende immer ein bisschen Bargeld dabei haben!

Austarieren mit Unterlegkeilen

Im Schritttempo schließlich wird der Stellplatz angesteuert. Im Regelfall ist festgelegt, in welche Richtung ein Fahrzeug zu stehen hat – damit alle Wohnmobile gleich parken und die Privatsphäre von jedem Gast gewahrt wird. Meist muss man vorwärts einparken und dann am nächsten Morgen rückwärts zurücksetzen. Es gibt aber auch Flächen, die wieder vorwärts verlassen werden (sogenannte „Pull thru site"). Beim Parken hilft der Beifahrer am besten als Einweiser. Und vor allem sollte er darauf achten, dass das rollende Ferienhaus möglichst gerade steht – sowohl längs als auch quer. Steht das Wohnmobil geneigt, in welche Richtung auch immer, könnte sich das Schlafen beschwerlicher gestalten und auch das übrige Leben mühevoller, wenn stets Gegenstände ins Rutschen geraten. **Tipp:** Manche Vermieter liefern Unterlegkeile mit. Diese kommen unter die entsprechenden Reifen, beispielsweise vorn links, und helfen beim Ausbalancieren. Das ganze Procedere gestaltet sich meist mit jeder weiteren abendlichen Ankunft einfacher!

6.3 Aufbauen und Anschließen

Als nächstes gilt es, das Wohnmobil quasi „nachtfertig" zu machen. Damit sich eine zeitsparende Routine einspielt, sollte der Aufbau des Camps immer in der gleichen Reihenfolge ablaufen:

- Als erstes sollte das Stromkabel mit dem entsprechenden Stromkasten verbunden werden. Das klappt quasi genauso einfach wie zu Hause, wenn ein Verlängerungskabel durchs Wohnzimmer gelegt wird. Das mitgelieferte Stromkabel ist erfahrungsgemäß ausreichend lang. Ein Blick beispielsweise auf die Mikrowelle zeigt, ob Strom fließt. Manchmal muss ggf. am Stromkasten die Sicherung eingeschaltet werden. Wenn auch das nicht hilft: eine andere Buchse wählen oder den Nachbarn bzw. das Personal fragen. Das Problem ist meist schnell gelöst.

Full Hook-up-Stellplatz: Strom, Abwasser ...

... und Frischwasser

- Falls ein Full Hook-up-Stellplatz gewählt wurde, können jetzt die Wasserschläuche angeschlossen werden (siehe auch Kapitel, 7.7 Wasserversorgung und Dump station). Damit ist das meiste geschafft!
- Bevor die Toilette erstmals benutzt werden kann, muss sie mit den entsprechenden Chemikalien vorbereitet werden. Im Regelfall handelt es sich um kleine Päckchen, gefüllt mit blauem Pulver (ähnlich einem Tab für die heimische Spülmaschine).
- Kontrollpanel bzw. Bedienkonsole checken: Stand von Frisch- und Abwassertanks, Batterie und Gas. Und hier ist auch der Schalter für den Warmwasserboiler für warmes Wasser (Küche und Dusche) zu finden – rund 20 bis 30 Minuten vor gewünschter Nutzung einschalten.

- Falls keine Picknick-Tische und Bänke vorhanden sind: Jetzt noch schnell Campingstühle und -tisch aus den von außen zugänglichen Staufächern holen – fertig ist das Camp.

Gemütliche Abendstimmung

6.4 Wohnmobil einrichten

Am ersten Abend sollten sich Urlauber einen Moment Zeit nehmen und die persönliche Ausstattung gut verstauen. Die Kleiderschränke bieten meist viel Platz. Die dann (weitgehend) leeren Reisetaschen (besser als Koffer) lassen sich dann idealerweise in den Staufächern bis zum Urlaubsende lagern.

Zudem müssen die gekauften Lebensmittel untergebracht werden, die nicht schon im Kühlschrank lagern. Auch dafür ist Platz vorhanden. Je nach persönlicher Vorliebe können auch einzelne Töpfe oder Schüsseln, die voraussichtlich nicht gebraucht werden, in die von außen zugänglichen Staufächer ausgelagert werden, um mehr Platz in den Schränken zu schaffen. Ein Pärchen beispielsweise ist vielleicht nicht auf jeden der zahlreichen Töpfe angewiesen und freut sich stattdessen über mehr Stauraum in den Schränken. Tipp: In der Mikrowelle lassen sich Brot und Backwaren gut, schattig und trocken lagern.

Ess-Nische (Dinette) und Blick in den Schlafbereich

Und wer schläft wo? An Sitzmöglichkeiten mangelt es meist nicht. Auch stehen oftmals mehr Betten zur Auswahl, als tatsächlich Schlafplätze benötigt werden. Gerade bei größeren Modellen können zwei Personen in einem großen Bett im Heck sowie zwei Personen im Alkoven oberhalb der Fahrerkabine übernachten. Paare wählen meist das Doppelbett und nutzen den Alkoven als zusätzlichen Stauraum. Zwei oder mehr zusammen reisende Freundinnen bzw. Freunde verteilen sich nach Belieben und rotieren ggf. zwischenzeitlich. Bei Familien hängt es oftmals vom Alter des Nachwuchses ab: Kleine Kinder sind tendenziell besser im Heck aufgehoben, Jugendliche eher im Alkoven. In manchen Fällen schläft aber auch ein Elternteil dauerhaft mit einem Kind im Bett, das andere allein oder mit einem zweiten Kind vorn über der Fahrerkabine. Hier gilt für Familien schlichtweg: Ausprobieren und ggf. nach einigen Nächten tauschen. Zu beachten ist auch, dass

Auf manchen Stellplätzen kommen Reisende der kanadischen Tierwelt ganz nahe.

Große Wohnmobile (Class C30) bieten ein echtes Doppelbett im abgetrennten Schlafbereich.

meist keine echte Abtrennung zwischen den einzelnen Bereichen vorhanden ist, wenn überhaupt hängt ein Vorhang am Alkoven. Lediglich die großen Wohnmodelle der Klasse C30 verfügen oft über ein per Tür abgetrenntes Schlafzimmer mit dem Bett im Heck.

6.5 Campingplatz erkunden

Vor oder nach einem ersten Kaffee oder Kaltgetränk bietet sich ein kleiner Spaziergang über die Anlage an. Wo sind Toiletten und Duschen? Gibt es einen Pool, einen Minigolfplatz oder Waschmaschinen? Ein Rundgang hilft beim Orientieren – vor allen, wenn die stationären sanitären Einrichtungen statt der bordeigenen genutzt werden sollen.

Wichtig: Bei kommerziellen Campingplätzen wird zuweilen ein Schlüssel oder ein vierstelliger Türcode benötigt, um den Sanitärblock betreten zu können.

Auf größeren Campingplätzen ist zuweilen ein kleiner Shop vorhanden. Hier sind Feuerholz und ggf. notfalls auch Lebensmittel erhältlich.

Endlich auf dem Campingplatz: ankommen und genießen

7. Alltag im Wohnmobil

Familienzeit am Falcon Lake in Manitoba

7. Alltag im Wohnmobil

Individualität, Freiraum, spontane Aktivitäten, sprich die große Freiheit – das alles verheißt ein Roadtrip mit dem Wohnmobil. Doch selbst im größten RV ist nur begrenzt Platz. Daher lohnt es sich, einiges zu beachten, damit die Urlaubsfreude ungetrübt bleibt. Schließlich möchte man sich nicht darüber in die Haare geraten, wer wann ins Bad geht oder wer für den Abwasch zuständig ist. Selbst als langjähriges Paar kann das Leben auf den wenigen Quadratmetern eines Wohnmobils eine Herausforderung darstellen – mit etwas Planung und Gelassenheit lassen sich Streitereien aber gut vermeiden.

7.1 Ordnung ist das halbe Leben

Zwar finden sich viele Schränke, doch so viel Platz wie zu Hause ist natürlich nicht. Auch wenn das Fahrzeug am ersten Tag eingeräumt ist (siehe Kapitel 4, Die ersten Meter), manchmal bietet es sich an, nach den ersten Tagen nochmals das eine oder andere umzusortieren. Und angesichts des begrenzten Stauraums gilt ohnehin: Was nicht mehr gebraucht wird, sollte sofort wieder verstaut werden. Das schafft nicht nur Ordnung, sondern spart auch Zeit bei der Abfahrt – dann spätestens muss ohnehin alles sicher gepackt sein, um Schäden zu vermeiden. Und wie auch zu Hause sollten Urlauber zwischendurch mal zu Besen oder Handfeger greifen: Durch das Outdoor-Leben sammeln sich schnell Sand, Steine und mehr auf dem Fußboden, egal, wie sorgsam man sich verhält.

Koffer und Reisetaschen am besten in den Staufächern lagern

Gerade bei Wohnmobilen ab der Größe C22 findet sich meist ausreichend Stauraum für alle Mitfahrer und Utensilien. Bei kleineren Modellen, vor allem den Vans, müssen Urlauber hingegen damit rechnen, ggf.

ein Teil ihrer Kleidung und persönlichen Ausstattung in Tasche oder Koffer zu belassen – auch ein Hin- und Herräumen lässt sich hier möglicherweise nicht ganz vermeiden. Dafür punkten die kleinen Wohnmobile mit niedrigeren Kosten und einem angenehmeren Fahrverhalten.

7.2 Wer macht was und wann?

Gerade bei einem Campingtrip stehen viele Aufgaben an, die man von zu Hause kennt – aber nicht von einem Hotelurlaub: Kochen und Abwaschen beispielsweise. Aber auch Ungewohntes steht auf dem Plan: in erster Linie die Wasserver- und -entsorgung sowie der Stromanschluss.

Einer übernimmt das Kochen, der andere kümmert sich um das Fahrzeug – wobei gegenseitige Hilfe von beiden Seiten sicherlich gern gesehen wird. Wobei auch klar ist: In der Küche ist selten Platz für mehr als eine Person, auch die Ablageflächen sind begrenzt. Bei Familien mit kleinen Kindern sollte sich also idealerweise ein Elternteil um den Nachwuchs kümmern, einer ums Essen. Und beim Abwasch lassen sich dann die Rollen tauschen.

Küchenblock mit Herd, Dunstabzugshaube und Spüle

Damit mehr Freiraum für alle bleibt, zahlt es sich aus, abwechselnd und nicht parallel die stationären Duschmöglichkeiten zu nutzen. So kann der jeweils andere allein im Wohnmobil etwas erledigen – oder die Ruhe genießen. Wer die Dusche an Bord präferiert, muss sich ohnehin abwechseln: Die Waschräume in den Wohnmobilen sind recht beengt und nur für eine Person ausgelegt. Die Erfahrung zeigt auch: Unabhängig ob als Paar, Familie oder Freunde – am besten kümmern sich alle zuerst ums Gemeinwohl, beispielsweise Aufbauen oder Kochen, erst dann stehen persönliche Wünsche von Lesen bis Planschen im Pool an. Sonst besteht schnell Konfliktpotenzial.

Das Gute ist: Nach zwei bis drei Tagen „on the road“ sind Paare und Familien meist eingespielt. Jeder kennt seine Aufgaben, das „Zeitmanagement“ hat sich bewährt. Gerade Urlauber mit jüngerem oder älterem Nachwuchs wissen dann besser, wann sie Pausen machen und wie das Zusammenspiel am besten klappt. Dann macht Camping noch mehr Spaß!

7.3 Kochen und Kühlen

In den großen Supermärkten findet sich ein großes Angebot, sodass drei köstlichen Mahlzeiten auf dem Campground nichts entgegenstehen dürfte. Viele Stellplätze verfügen über eine Feuerstelle, sodass auch über offenem Feuer (sofern erlaubt) gekocht oder gegrillt werden kann. Manch ein Traveller kauft sich auch einen preiswerten Grill (und verschenkt diesen am Ende der Reise weiter).

Trotz begrenzter Ausstattung lässt es sich im Wohnmobil gut kochen, wenn auch nicht so wie zu Hause. Denn meist stehen nur zwei, maximal drei Kochplatten zur Verfügung. Und nicht jedes gewohnte Küchenutensil ist auch an Bord. Wer beispielsweise

Alles an Bord: Herd, Spüle, Mikrowelle ...

Wert auf eine Knoblauchpresse legt, muss diese tendenziell mit einfliegen oder unterwegs erwerben. Viele übliche Gerichte lassen sich aber einigermaßen problemlos zubereiten. Mit Blick auf der eingeschränkte Platzangebot und die nicht gewohnte Ausstattung empfiehlt es sich, die Menüplanung möglichst einfach zu gestalten.

Die Kochplatten werden mit Gas betrieben. Im Regelfall verfügen diesen über einen Automatikschalter, sodass nur im Notfall mit einem langen Feuerzeug oder Streichhölzern hantiert werden muss. In manchen Wohnmobilen findet sich auch ein Backofen – hier muss die Zündflamme mit Feuerzeug oder Streichholz gezündet werden. Ausreichend Töpfe und Pfannen sind im Regelfall vorhanden, ebenso Geschirr für die Zahl der Personen. Falls unterwegs etwas kaputt geht oder wider Erwarten trotz entsprechender Zusage des Vermieters etwas fehlt: einfach im nächsten Supermarkt nachkaufen und bei der Rückgabe die Quittung vorzeigen. Bei niedrigen Beträgen von bis zu rund 75 Dollar wird das Geld problemlos erstattet. Neben den Kochplatten und möglicherweise einem Backofen verfügen manche Modelle auch über eine Mikrowelle. Sie kann das Kochen erleichtern, funktioniert aber nur, wenn das Wohnmobil an das Stromnetz angeschlossen ist oder ein möglicherweise vorhandener Generator läuft.

... und ein großer Kühlschrank

Und natürlich lässt sich gerade der Herd auch tagsüber bei einer Rast nutzen: Wer mittags beim Picknick Lust auf eine heiße Wurst oder bei Regenwetter auf eine wärmende Suppe hat, kann sich selbstständig versorgen. Auch ein Dinner an einem schönen Ort ist problemlos möglich, wenn der Campground erst danach angesteuert werden soll.

Bären sind auch auf Park- oder Campingplätzen anzutreffen.

Der Kühlschrank läuft autark mit Gas bzw. Strom. Bei Fehlermeldungen einfach aus- und wieder einschalten – meist ist das Problem dann schon gelöst. Andernfalls helfen die Bedienungsanleitung (manchmal auch in Deutsch verfügbar) oder andere Camper weiter.

Wichtig: Auf manchen Campingplätzen müssen Lebensmittel in bärensicheren Vorrichtungen gelagert werden. Wer mit einem Wohnmobil unterwegs ist, muss diese meist nicht benutzen. Sie sind in erster für Urlauber im Zelt gedacht, um diese vor Angriffen von Bären zu schützen. Am besten die Regeln vor Ort beachten bzw. Ranger oder Mitarbeiter des Campgrounds befragen. Denn Bären werden vom Duft der Lebensmittel angelockt, können bei der Suche das Camp verwüsten und vor allem Menschen angreifen, wenn sie sich bedroht fühlen.

Der tägliche Abwasch muss übrigens nichts zwangsläufig im Wohnmobil stattfinden. Auf manchen Campingplätzen gibt es dafür separate Bereiche.

7.4 BBQ und offenes Feuer

Ein knisterndes Feuer oder frisches Fleisch und Gemüse vom Grill: Gerade dieses Klischee prägt wohl den Traum vieler von einem Wohnmobiltrip.

Aber Achtung: Offenes individuelles Feuer ist meist verboten, um Waldbränden vorzubeugen. Viele Stellplätze verfügen daher über speziell angelegte und gut markierte Feuerstellen, den sogenannten „Fire ring". Hier dürfen Camper ihr Lagerfeuer anzünden, sofern nicht ein genereller „Fire ban" gilt. Auf dem „Fire ring" besteht zumeist auch die Möglichkeit, mitgebrachte Lebensmittel zu grillen. Feuerholz ist meist vor Ort für kleines Geld erhältlich – entweder an der Rezeption oder der nächsten Tankstelle. Oder es liegt frei auf der Anlage, dann ist das Geld selbstständig (und ehrlich) in eine Box zu werfen. Bitte keine Bäume fällen oder Äste abbrechen. Und: Kein Holz aus anderen Regionen mitbringen, um die Verbreitung von Schädlingen zu vermeiden.

Wer hingegen unabhängig sein möchte, kauft sich einen kleinen Grill, beispielsweise mit Holzkohle. Dann können Urlauber quasi überall ein köstliches BBQ zubereiten, sofern es nicht aufgrund von Wetter oder Waldbrandgefahr verboten ist.

Beliebt, aber zuweilen verboten: offenes Feuer

7.5 Toilette und Dusche

Blick ins Badezimmer

Je nach Größe des Wohnmobils ist auch eine Nasszelle an Bord. Bei den größeren Modellen sogar mit separater Dusche, um das kleine Badezimmer bei Benutzung nicht komplett unter Wasser zu setzen. Mit Blick auf die begrenzte Wasserkapazität sollte der Gang unter die Brause möglichst kurz ausfallen und der Wasserhahn stets schnell wieder zugedreht werden. Wichtig bei Benutzung der Toilette: nur einlagiges Toilettenpapier sowie die notwendigen Chemikalien verwenden (siehe Kapitel 6, Aufbauen und Anschließen). Überdies verfügen manche Wohnmobile über eine zusätzliche Außendusche.

7.6 Strom und Generator

Ans Stromnetz (falls vorhanden) ist das Wohnmobil schnell angeschlossen. Einfach nur das lange Stromkabel in den Stromkasten am Stellplatz mit der entsprechenden äußeren Steckdose an der Fahrzeugwand (auf der Fahrerseite) verbinden. Daher sollte dies stets genutzt werden, damit über die Steckdosen in der Wohnkabine Kameras, Laptops und Co. geladen werden können. Auch Klimaanlage und Mikrowelle funktionieren nur bei Strom. Zudem wird dann die bordeigene Zweitbatterie für die Wohnkabine geladen. Der Kühlschrank benötigt nicht zwingend Strom.

Stromgenerator

Manche, meist größere Wohnmobile sind unter Umständen mit gesonderten Generatoren ausgestattet, angetrieben mit Benzin. Diese können ebenfalls Strom produzieren. Je nach Mietvertrag wird die Nutzung stunden- oder tageweise abgerechnet, bei sogenannten Komfort- oder All-Inclusive-Paketen ist der Gebrauch zuweilen inbegriffen. Auf den meisten Campingplätzen dürfen die Aggregate aus Gründen des Lärmschutzes nicht in der Mittagszeit und nicht während der Nachtruhe betrieben werden.

Je nach Bauweise des Fahrzeugs muss möglicherweise der Generator per Stromkabel mit dem äußeren Stromanschluss (wo sonst das Stromkabel zum Stromkasten steckt) verbunden werden – bei manchen Fahrzeugen ist dies mittlerweile nicht mehr notwendig. Wichtig: Vor dem Starten des Generators darauf achten, dass alle entsprechend betriebenen Geräte – insbesondere die Klimaanlage – ausgeschaltet sind. Sonst droht ein Versagen. Der Generator wird über einen Schalter am Panel im Innenraum oder am Generator gestartet, einfach etwa zehn Sekunden drücken. Falls er nicht anspringt, nach einer Pause ein zweites Mal probieren. Hilft auch das nicht, kann bei manchen Modellen über einen gesonderten Schalter der Generator „per Benzin" gestartet werden. Technische Geräte am Bordnetz wie Klimaanlage oder Mikrowelle sollten erst nach einer Wartezeit von zwei bis drei Minuten in Gang gesetzt werden. Hinweis: Der Generator läuft nur, wenn der Benzintank zu mindestens einem Viertel gefüllt ist. Damit wird verhindert, dass Urlauber mit Spritmangel unterwegs stranden.

7.7 Wasserversorgung und Dump station

Vor allem die größeren Wohnmobile verfügen über drei Wassersysteme: Frischwasser, Grauwasser (aus Küche und Dusche) sowie Schwarzwasser (falls eine Toilette an Bord vorhanden). Am Bedienpanel in der Wohnkabine lässt sich der jeweilige Füllstand ablesen.

Anschluss für den Abwasserschlauch

Frischwasser tanken

Sauberes Wasser ist auf vielen Campingplätzen erhältlich.

Für das Frischwasser liegt ein eigener Schlauch bei. Einfach am Wasserhahn des Campingplatzes anschließen, in den Einfüllstutzen des Fahrzeuges hängen – und Wasser marsch. Aber bitte darauf achten, ob es sich um Trinkwasser („Fresh water") handelt! Bei den Wasseranschlüssen an den Stellplätzen ist dies meist problemlos möglich, an den Dump stations und manchen Tankstellen nicht. Schilder geben Auskunft. Der Wassertank reicht im Regelfall für zwei bis vier Tage – abhängig vor allem davon, wie oft und intensiv die bordeigene Dusche genutzt wird.

Im Grauwassertank wird das Wasser aus Küchenspüle sowie Waschbecken und Dusche gesammelt. Für die Toilette steht ein gesonderter Schwarzwassertank bereit. In beiden Abwassertanks reichen die Kapazitäten ebenfalls meist für zwei bis vier Tage. Dennoch sollte hier der Füllstand am besten morgens und abends kontrolliert werden. Bei einem Überlaufen wird sonst die Nasszelle unter Wasser gesetzt.

Das Entleeren der beiden Abwassertanks ist zwar kein Vergnügen. Aber es gestaltet sich einfacher und sauberer, als es viele erwarten. Am besten nutzt man dazu die Gummi- bzw. Arbeitshandschuhe, die der Verleiher mitgeliefert oder man selbst beim ersten Großeinkauf erworben hat. Das Entsorgen erfolgt im Regelfall an der Dump station am Rande des Campingplatzes. Besonders komfortabel ausgestattete Campingplätze verfügen auch an jedem

Stellplatz über eine solche Entsorgungsstelle: Wer mehrere Tage am gleichen Ort stehen bleibt, kann dann Frischwasser- und Abwasserschlauch sogar dauerhaft installieren.

Anschluss für Abwasserschlauch ...

... am Wohnmobil

Beim Dumpen selbst wird zunächst der breite Abwasserschlauch am Fahrzeug angeschlossen (an der Unterseite des RV, auf der Fahrerseite). Das andere Ende wird entweder in die Entsorgungsstelle gehangen oder fest verdreht – beide Varianten sind möglich. Dann wird zunächst im ersten Schritt der Schwarzwassertank entleert – durch Aufdrehen des entsprechenden Ventils. Im zweiten Schritt wird der Grauwassertank geleert, mit einem separaten Ventil. Dies erfolgt durch den gleichen Schlauch, damit das Grauwaser mögliche Reste des Schwarzwassers wegspült. Im Anschluss sollte bei geöffneten Ventilen noch Wasser per Eimer nachgespült werden. Zuweilen liegen an den Dump stations Schläuche bereit, um den Abwasserschlauch durchzuspülen.

Nach dem Entleeren in jedem Fall daran denken, die Ventile wieder zu schließen! Sonst läuft danach das Abwasser ungehindert hinaus – auf dem Campingplatz oder während der Fahrt. Zudem muss die Toilette wieder mit den entsprechenden Chemikalien versorgt werden – diese wurden ja ebenfalls ausgespült.

Beim ersten Mal ist das Dumpen noch ungewohnt – beim zweiten Mal nach einigen Tagen hingegen schon Routine.

7.8 Heizung und Klimaanlage

Viele RVs verfügen in der Wohnkabine über Klimaanlage (Airconditon, AC) und Heizung. Die AC lässt sich meist wie in einem Hotel bedienen – läuft aber nur, wenn das Fahrzeug ans externe Stromnetz oder einen Generator angeschlossen ist. Die Heizung arbeitet mit Gas, ist also im Regelfall immer nutzbar. Sie muss explizit eingeschaltet werden, ehe die Temperatur eingestellt wird. Wichtig: Die Heizung beansprucht auch die sogenannte Zweit- oder Hilfsbatterie. Vor längerer Benutzung sollte ggf. der Motor laufen, um die Batterie zu laden.

7.9 Gas

Ein Teil des Equipments wird mit Gas betrieben: Herd und Backofen, Heizung und Warmwasser sowie teilweise der Kühlschrank. Im Regelfall reicht der Gastank für einen kompletten Urlaub, sofern die Heizung nicht ununterbrochen nachts läuft. Das Gas wird nicht in Flaschen, sondern in einem separaten Tank gelagert. Je nach Anbieter und Preismodell ist eine Füllung im Mietpreis inklusive oder kann pauschal dazu gekauft werden, was meist bequemer und schneller als das Nachfüllen auf einem Campingplatz oder einer Tankstelle ist.

7.10 Wäsche waschen

Gerade auf privat betriebenen Campingplätzen sind Waschmaschinen und Trockner vorhanden. Bei National und Provincial/ Territorial Parks ist das oftmals nicht der Fall. Die Kosten belaufen sich meist auf zwei bis vier Dollar je Ladung Waschmaschine bzw. Trockner. Bezahlt wird meist mit Münzen, Waschmittel kostet extra und ist vor Ort in Automaten oder im Shop erhältlich.

7.11 Camping genießen

Natürlich möchte man auf einem Roadtrip möglichst viele Orte sehen, die Auswahl an Attraktionen und Nationalparks ist schier übergroß. Und nicht selten verfolgt einen das Gefühl: „Wer weiß, wann ich hier wieder her kommen kann?" Daher neigen viele Reisende dazu, zu viele Stopps und Aktivitäten in ihre Tour zu integrieren. Doch Camping ist mehr als eine Art des Reisens und Übernachtens – es steht auch, oder gerade, für ein besonderes Lebensgefühl. Daher gilt: Weniger ist mehr. Auch mal mehr als eine Nacht auf dem gleichen Campingplatz bleiben oder auch schon mittags ankommen und die Natur und Ruhe rund um den Stellplatz genießen. Wer nicht jeden Tag abbauen, fahren und wieder aufbauen muss, hat wahrlich mehr von seinem Roadtrip.

Tipp: In manchen Schutzgebieten bieten Ranger kostenlose Aktivitäten an. Es lohnt, den Vorträgen zu lauschen oder sich den geführten Wanderungen anzuschließen!

Perfekte Aussicht beim Picknick

7.12 Camping-Etikette

Auch auf einem Campingplatz gelten Regeln – geschriebene wie ungeschriebene. Vieles erscheint selbstverständlich – doch immer wieder fallen einzelne Gäste negativ auf. Damit es harmonisch bleibt, sollte jeder das Folgende beherzigen:

Platzregeln lesen und beachten

Auf jedem Campingplatz gelten individuelle Regeln, beispielsweise für die Ruhezeit. Diese sind meist auf Tafeln angeschlagen oder als Faltblatt erhältlich. Im Interesse aller sollten diese wahrgenommen und akzeptiert werden. Und respektvolles Verhalten gegenüber den Mitarbeitern sowie den übrigen Campern versteht sich von selbst.

Langsam fahren

Auf der Anlage gilt Schrittgeschwindigkeit: Zuweilen sind die Wege zur Stellfläche eng und unübersichtlich. Zudem ist stets mit spielenden Kindern zu rechnen.

Aufgepasst: Auf Campingplätzen sind rennende und spielende Kinder allgegegenwärtig.

Zwischenstopp auf dem Weg zum nächsten Campingplatz

Richtig parken

Um die Privatsphäre aller Gäste zu bewahren, ist meist vorgegeben, wie jeder Camper zu stehen hat. So soll beispielsweise vermieden werden, dass zwei Wohnmobile direkt nebeneinander stehen. Die Parkrichtung ist meist auch daran zu erkennen, wie die fest verankerten Picknicktische und -bänke ausgerichtet sind (sofern vorhanden). Überdies ist es verpönt, beim Gang über den Campingplatz durch das „Reich" der Nachbarn zu laufen – beispielsweise bei Dritten zwischen Picknicktisch und Wohnmobil hindurch zu „latschen".

Stellplatz sauber halten und Müll richtig entsorgen

Jeder Campingplatz verfügt über entsprechende Müllcontainer. Vielfach kann der Abfall sogar getrennt werden (nach Plastik, Restmüll etc.). Im Sinne des Naturschutzes sollte sich jeder daran halten und nicht seinen Müll unsortiert entsorgen. Und natürlich gilt: Tiere dürfen nicht gefüttert werden (wie natürlich auch sonst nicht).

Richtig Feuer machen

Aus Sicherheitsgründen müssen die örtlichen Vorgaben für Lagerfeuer und BBQ eingehalten werden. Dies ist meist nur an vorgegebenen Stellen gestattet, sofern nicht ohnehin ein „Fire ban" gilt. Natürlich sollte darauf geachtet werden, dass das Feuer vor dem abendlichen Schlafengehen oder der morgendlichen Weiterfahrt komplett erloschen ist.

Ruhezeit respektieren
Auf jeder Anlage gelten ausgewiesene Ruhezeiten, meist mittags sowie zur Nacht. In dieser Zeit sollte auf laute Gespräche, die Benutzung des Stromgenerators sowie sonstigen Lärm verzichtet werden.

7.13 Weiterfahrt

Bevor es vom Stellplatz zurück auf die Straße geht, sollte der Tag geplant und muss das Wohnmobil reisefertig gemacht werden. Am besten teilen sich die Reisenden die Arbeit für die gesamte Reisedauer auf, damit eine gewisse Routine entsteht und Missgeschicke möglichst unterbleiben. Der Nachwuchs kann hier und da mithelfen.

Familienidylle auf dem Campground

Checkliste Außenbereiche:

- Alle Wasserschläuche demontiert und sicher verstaut?
- Stromkabel abgenommen und verpackt? (Selbst erfahrene Camper haben das schon vergessen, danach beim Anfahren dieses Kabel aus dem Stromkasten herausgerissen und dieses schließlich auf der Straße noch hinter sich hergezogen)

Vor der Weiterfahrt muss das RV reisefertig gemacht werden.

- Generator ausgeschaltet?
- Markise eingefahren und gesichert?
- Equipment in den Staukästen gelagert und diese verschlossen?
- Stellplatz sauber und aufgeräumt? Müll entsorgt?
- Falls vorhanden: am Stellplatz den Zettel mit der eigenen Reservierung entfernt?

Checkliste Innenraum:

- Slide-Out eingefahren (falls vorhanden)?
- Eingangsstufe am Wohnmobil eingefahren?
- Herd, Ofen, Warmwasserboiler und Wasserpumpe ausgeschaltet?
- Alle Gegenstände verstaut sowie Kühlschrank, Schranktüren und Schubladen gesichert?
- Licht ausgeschaltet, Fenster geschlossen?
- Wohnraumtür zugesperrt?

8. On the Road

Pluspunkt beim RV: herrliche Aussicht während der Fahrt

8. On the Road

Mit dem rollenden Ferienheim unterwegs auf Kanadas Straßen – einfacher als gedacht. Die Straßen sind meist ordentlich breit und andere Autofahrer gerade außerhalb der Großstädte meist sehr gelassen unterwegs. Also Fahrspaß pur mit dem Wohnmobil. Dennoch gilt es einiges zu beachten, damit die Urlaubsfreude nicht leidet.

8.1 Fahrtipps

So ein Koloss von Fahrzeug fährt sich natürlich anders als der heimische Pkw. Die Beschleunigung ist geringer, das Wohnmobil windanfälliger und vor allem der Bremsweg deutlich länger! Das merken Fahrer schnell auf den ersten Kilometern nach dem Start im Depot des Verleihers (siehe Kapitel 4, Die ersten Meter). An weitere Herausforderungen beim Roadtrip gewöhnt man sich schnell. Oberste Devise ist indes: Besser einmal mehr anhalten und eine Pause machen bzw. Rat einholen als zu wenig! Stress und Hektik führen erst recht zu Fehlern – oder verschlimmern gar ein Malheur.

Kurze Fahrstrecken einplanen

Gerade bei den ersten Reisen versuchen Urlauber verständlicherweise, möglichst viel zu sehen und viele Attraktionen und Städte anzusteuern. Doch gerade mit dem Wohnmobil gilt: Weniger ist mehr! Mit dem RV reist es sich per se langsamer als mit dem Auto. Faustformel: im Durchschnitt nicht mehr als 250 bis 300 Kilometer pro Tag – selbst das bedeutet meist fünf Stunden on the road!

Immer auf die Höhe achten!

Auf die Fahrzeuggröße und -länge achten

Viele Beschädigungen resultieren daraus, dass Fahrer die Maße des Wohnmobils unterschätzen. Beim Rangieren in engen Parklücken oder auf Campingplätzen sollte der Beifahrer als Einweiser agieren – auch wenn manche Fahrzeuge mittlerweile mit einer Rückfahrkamera ausgestattet sind. Und vor allem immer auf die Höhe (Clearance) achten! Überdachte Flächen – beispielsweise vor allem an Tankstellen oder Fastfood-Restaurants – bergen eine große Kollisionsgefahr. Dellen an Front, Heck und Dach lassen sich meist leicht verhindern, wenn vier Augen Ausschau halten. Zudem sollten Fahrer darauf achten, dass in manchen Regionen manche Straßen für längere Fahrzeuge gesperrt sein könnten.

Achtung Wildwechsel!

Mit Tieren auf der Straße ...

Gerade in ländlichen Gebieten und in naturbelassenen Regionen wie den National und Provincial/Territorial Parks müssen Autofahrer stets mit Tieren auf der Straße rechnen – tagsüber und vor allem in der morgendlichen bzw. abendlichen Dämmerung sowie nachts. Wer tatsächlich dann schon oder noch unterwegs ist, sollte besonders aufmerksam und ggf. deutlich langsamer fahren. Gerade Rehe oder Elche sind meist schnell unterwegs, Bisons und Bären hingegen langsamer – blockieren durchaus also länger die Fahrbahn. Ein Zusammenstoß kann fatale Folgen haben, da die Knautschzone begrenzt ist. Und vor allem gilt die alte Regel aus der Fahrschule: niemals ausweichen! Ein Crash in den Straßengraben oder gegen andere Autos wäre nochmals wesentlich schlimmer, als wenn das Tier getroffen wird.

... müssen Reisende stets rechnen.

Fahren in der Dunkelheit

Nicht nur Tiere sind im Dunklen deutlich schlechter zu erkennen, auch andere Autofahrer oder Hindernisse werden möglicherweise nicht gut wahrgenommen – gerade in schlecht oder gar unbeleuchteten Gegenden. Nach Möglichkeit verzichten Urlauber auf Fahrten im Dunkeln – von vielbefahrenen Hauptstraßen sowie kurzen Distanzen abgesehen.

Bei Regen und Aquaplaning besser langsamer fahren

Vorsicht bei Starkregen und Schnee

Bei schlechter Witterung mit Regen, Schnee und verminderter Sicht sollten Camper noch mehr Vorsicht walten lassen als ohnehin. Aquaplaning ist schon mit einem Auto tückisch, bei einem Wohnmobil kann es richtig gefährlich werden. In diesen Fällen sollten zunächst unbedingt der Sicherheitsabstand erhöht und die Geschwindigkeit reduziert werden. Unter Umständen muss sogar die Fahrt unterbrochen werden. Und wer sich unsicher fühlt, sollte ohnehin umgehend anhalten. Hinweis: Auch wer im Winter ein Wohnmobil anmietet, muss im Regelfall auf Winterreifen verzichten. Meist sind Allwetterreifen montiert. Und die Benutzung von Schneeketten ist vom Vermieter im Regelfall verboten.

Überholen und Kolonnen

Gerade beim Überholen abseits mehrspuriger Straßen ist mit dem Wohnmobil besondere Vorsicht geboten! Durch die langsamere Beschleunigung dauern Überholvorgänge deutlich länger als mit einem Pkw. Daher ist ausreicht Platz bzw. Zeit einzuplanen, um nicht dem Gegenverkehr in die Quere zu kommen sowie nicht sich selbst oder andere zu gefährden!

Umgekehrt kann gerade auf Steigungen oder engen, kurvenreichen Landstraßen das eigene Wohnmobil schnell zum Verkehrshindernis werden. Denn häufig sind andere Autos dann schneller unterwegs als man selbst. Wer also beim Blick in den Außenspiegel hinter sich eine Kolonne sieht, fährt bei der nächstbesten Möglichkeit rechts heran und lässt die schnelleren Fahrzeuge passieren. Zuweilen gibt es spezielle Haltebuchten für solche Fälle. So lassen sich riskante Überholmanöver verhindern.

8.2 Tanken

Angesichts des hohen Verbrauchs und der gestiegenen Spritpreise macht Tanken natürlich kein Spaß. Dennoch sollten Reisende darauf achten, stets genug Sprit im Tank zu haben. Doch vor dem Griff zu Zapfpistole muss der Gas-Regler zugedreht und der Kühlschrank von Gas auf Batterie umgestellt werden. Ansonsten droht Explosionsgefahr! Und bei der Fahrt zur Zapfsäule immer an die Höhe der Überdachung denken ...

In Kanada gilt: erst zahlen, dann tanken

Und wer das erste Mal überhaupt in Kanada tanken will, wird schnell eine Eigenart kennenlernen: In Kanada wird zuerst bezahlt, dann getankt, anders als bei uns. Am einfachsten bezahlt man mit Kreditkarte direkt an der Säule. Karte hineinstecken, PIN eingeben, Spritsorte auswählen und Zapfpistole einstecken – und schon geht die Fahrt weiter. Falls die Kreditkarte nicht akzeptiert wird, müssen Fahrer oder Beifahrer in die Station hineingehen und per Kreditkarte einen Betrag autorisieren. Erst dann lässt sich die Betankung starten. Anschließend holt man sich idealerweise noch einen Beleg. Wichtig: An manchen alten Tankstellen muss die Kreditkarte als solches beim Kassierer hinterlegt werden. Doch diese Fälle werden immer seltener.

8.3 Regelmäßige Checks

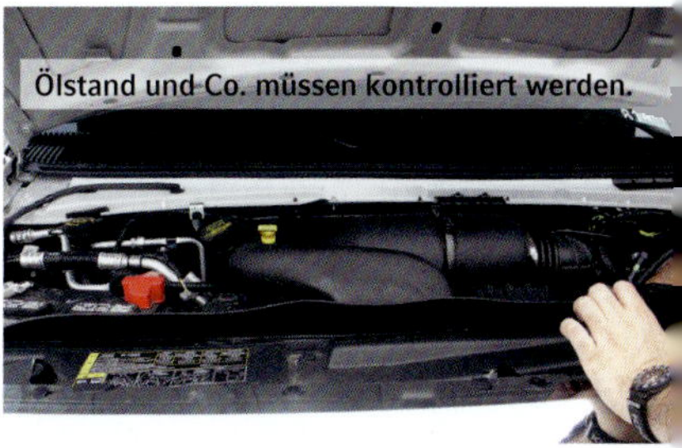
Ölstand und Co. müssen kontrolliert werden.

Wie auch beim eigenen Auto sollten Wohnmobilurlauber während der Fahrt alle Warnanzeigen im Blick haben. Dies gilt besonders für die Motor- bzw. Kühlwassertemperatur sowie die Ölstandanzeige. Möglicherweise wird während des

Roadtrips ein Ölwechsel fällig (Kosten übernimmt der Vermieter). Überdies empfiehlt es sich, alle paar Tage einmal die Motorhaube zu öffnen und per Messstab den Ölstand zu prüfen. Den Reifendruck im Blick zu haben, versteht sich ohnehin von selbst. Auch das Kontrollpanel für Wasserstand, Gastank und zweite Batterie sollte täglich kontrolliert werden, idealerweise morgens oder abends.

8.4 Pannen, Werkstätten, Roadside Assistance

Bei technischen Problemen jedweder Art sollten Urlauber als erstes den Vermieter über die entsprechende Hotline kontaktieren. Mit der sogenannten Roadside Assistance lässt sich das weitere Vorgehen klären. Im Regelfall gibt es feste Werkstattpartner. Auch die Art der Bezahlung kann dann besprochen werden – also ob die Werkstatt direkt mit dem Vermieter abrechnet oder ob der Mieter zunächst die Rechnung begleichen muss. Reine Kosten für die Instandhaltung, beispielsweise für einen fälligen Ölwechsel und bis maximal rund 75 Dollar, werden meist problemlos vom Vermieter erstattet. Einfach Beleg aufheben und bei der Rückgabe vorlegen!

Generell gilt: Bei allen Fragen und Problemen immer anhalten, Ruhe bewahren und die Roadside Assistance kontaktieren! Wenn es sich nicht um gravierende technische Probleme handelt, dürfte sich schnell eine Lösung finden.

8.5 Mautstraßen

Grundsätzlich fällt in den Kanada keine Maut an. Allerdings bestehen einige wenige Ausnahmen, beispielsweise in Ontario (Highway 407 Express Toll Route, ETR, verläuft bei Toronto), Nova Scotia (Cobequid Pass Highway) und in Québec (Autoroute A30). Diese lassen sich jedoch oftmals umfahren, wenngleich die Reise dann möglicherweise länger dauert. Bei Routenplanern wie GoogleMaps und Navigationsgeräten lässt sich meist einstellen, ob Mautstraßen umfahren werden sollen. Zudem sind möglicherweise Brücken kostenpflichtig.

Tipp: Straßen in Nationalparks werden von Navigationsgeräten und -Apps oftmals als kostenpflichtig angezeigt. Damit ist aber „nur" die fällige Eintrittsgebühr gemeint!

8.6 Baustellen und Streckensperrungen

Wie überall auf der Welt müssen Reisende natürlich auch mit Baustellen rechnen. Hierbei ist noch mehr als ohnehin üblich darauf zu achten, dass das (verminderte) Tempolimit eingehalten wird. Falls auf Highways für beide Fahrtrichtungen nur ein gemeinsamer Fahrtstreifen zur Verfügung steht, regeln wie in Deutschland Ampeln den Verkehr. Zuweilen fährt auch noch ein Baustellenfahrzeug voraus (ergänzend zur grünen Ampel). Diese werden als „Pilot Car" bezeichnet und können auch mit einem „Follow me"-Schild ausgestattet sein.

Bei manchen Baustellen ...

... regeln Pilot Cars den Verkehr.

8.7 Verhalten bei Unfällen

Auch wer stets vorsichtig und defensiv fährt, ist vor Unfällen nicht gefeit. In jedem Fall gilt: Ruhe bewahren und in jedem Fall unbedingt die Polizei informieren. Das verlangen auch die Vermietgesellschaften. Diese sind ebenfalls umgehend innerhalb von 24 Stunden zu kontaktieren. Gemeinsam wird dann das weitere Vorgehen besprochen. Zudem muss in jedem Fall ein Unfallbericht ausgefüllt werden.

Ein Traum von Stellplatz zum Übernachten: Fraser Cove Campground and Guest Cabin am Highway 99 bei Lillooet in British Columbia

9. Campingplatz finden

9. CAMPINGPLATZ FINDEN

Wer nicht für jede Nacht im Vorhinein einen Stellplatz gebucht hat, muss unterwegs nach geeigneten Übernachtungsplätzen Ausschau halten. Gerade in der Hauptreisezeit zwischen Mitte Juni und Labour Day (erster Montag im September), an Wochenenden sowie an den touristischen Hotspots wie den Nationalparks Banff und Pacific Rim kann sich die Suche jedoch als zeitraubend erweisen. Daher empfiehlt es sich, je nach Reisezeit und Route tendenziell möglichst viele Sites vorab zu buchen. Reisende mit längeren Aufenthalten, beispielsweise von sechs oder mehr Wochen (maximale Länge für die Einreise mit ETA: sechs Monate) sind natürlich flexibler und brauchen wohl deutlich weniger Nächte im Vorfeld zu buchen. **Tipp:** Nach Möglichkeit nicht erst morgens für den gleichen Tag planen, sondern besser schon am Vorabend oder sogar zwei, drei Tage im Voraus!

9.1 Arten und Kosten von Campingplätzen

Prinzipiell lassen sich drei Arten unterscheiden (siehe auch ausführlich Kapitel 1.4 Wo übernachten? Arten von Campingplätzen):

Staatliche Anlagen, vor allem in National sowie Provincial/Territorial Parks, liegen meistens schön in der Natur sowie nahe zu Attraktionen und sind zudem meist preiswert und daher entsprechend stark nachgefragt. Diese Plätze lassen sich teilweise reservieren, sind aber meist schnell ausgebucht. Insbesondere die begehrten Plätze, beispielsweise im Jasper National Park, sind meist innerhalb weniger Minuten nach der Buchungsfreigabe (einige Monate vor dem gewünschten Reisetermin oder ab Februar/März des jeweiligen Jahres) schnell vergeben. Wer vorab reserviert hat, findet auf der Anlage an der entsprechenden Site einen Notizzettel mit seinem Namen (an einem Pfosten hängend). Überdies gibt es aber auch Anlagen nach

Stellplatz in British Columbia

dem „First come, first served"-Prinzip: Wer morgens früh genug vor Ort ist, kann sich noch Hoffnung auf einen Stellplatz machen. Erfolgswahrscheinlichkeit: unterschiedlich. Reisende, die einen solchen Stellplatz ergattern, müssen jetzt natürlich nicht den restlichen Tag hier verbringen: Im Regelfall werden dann Campingstühle als Zeichen einer Reservierung aufgestellt.

Privat betriebene Campingplätze sind im Regelfall deutlich teurer als staatliche Anlagen, bieten dafür meist deutlich mehr Komfort. Landesweit finden sich rund 30 Plätze der Marke KOA und circa 30 Anlagen der Kette Parkbridge. Hinzu kommen ungezählte weitere größere und kleinere Anbieter. Gerade in touristisch gut erschlossenen Regionen gibt es meist sogar mehrere unterschiedliche Anbieter. Doch auch diese Plätze sind teils stark nachgefragt, sodass Spontanbuchungen schwierig sein könnten.

Wildcampen – also freies Stehen, in Kanada auch bekannt als „Boondocking" oder „Dispersed camping" – ist zwar nicht generell verboten, aber vielerorts nicht erlaubt. In Städten und Siedlungen ist es meist nicht gestattet und ohnehin nicht gern gesehen, in Schutzgebieten wie den Nationalparks ist Wildcampen generell verboten. Auf Public Land, vor allem in den National Forests, können Urlauber manchmal ihr Wohnmobil für eine Nacht abstellen. Die örtlichen Regelungen wie etwa der Mindestabstand zu Seen und Bächen sowie privaten Grundstücken sind unbedingt einzuhalten. Am besten vor Ort nachfragen und bei unklaren Regelungen besser einen Campingplatz ansteuern. Auf Stellflächen von manchen Geschäften, Fast-Food-Ketten, Tankstellen und Truck Stopps können Reisende möglicherweise eine Nacht kostenlos verbringen – allerdings nur nach Rücksprache mit dem örtlichen Manager oder Filialleiter – wenn es nicht ohne verboten und durch große Schilder angeschlagen ist. Auf Rastplätzen sind Camping bzw. Übernachten meist nicht gestattet.

Der Campground am Kathleen Lake im Yukon Territory zählt zu den schönsten in ganz Kanada.

9.2 Campingplatz finden: Apps und Websites

Auf folgenden Websites und lassen sich schnell Stellplätze finden und teilweise auch reservieren:

Name	Funktion	Website	iOS	Android
Allstays Camp and RV	Listet mehr als 29.000 Campingplätze auf	*allstays.com*	ja	ja
Camping Canada	Verzeichnis von Campingplätzen, plus Erfahrungsberichte, Tipps, Checklisten und Forum	*camping-canada.com*	nein	nein
Campendium.com	Liste kostenpflichtiger und kostenfreier Stellplätze	*campendium.com*	ja	ja
FreeCampSites.net	Verzeichnis überwiegend kostenloser Stellplätze	*FreeCampSites.net*	nein	nein
Harvest Host	Kostenpflichtiges Online-Verzeichnis für Stellplätze auf Farmen, Weingütern, Brauereien und Attraktionen – Einkauf erbeten statt Stellplatzgebühr	*harvesthosts.com*	ja	ja
iOverlander	Mehr als 6700 Stellplätze, Suche eher unkomfortabel	*iOverlander.com*	ja	ja

Name	Funktion	Website	iOS	Android
KOA	Anbieter von rund 30 privat geführten und gut ausgestatteten Anlagen in Kanada (und vor allem in den USA)	*koa.com/campgrounds/#Canada*	ja	ja
Parkbridge	Kette von circa 35 kommerziellen Anlagen in Alberta, British Columbia, Ontario und Québec	*parkbridge.com/en/resort*	nein	nein
Roadtrippers	Mehr als nur die Suche nach einem Stellplatz – komplette Routenplanung inklusive Sehenswürdigkeiten und Wanderwegen möglich	*roadtrippers.com*	ja	ja
WikiCamps	Eine der beliebtesten Apps, um Übernachtungsplätze zu finden, auch Dump stations enthalten, Offline-Nutzung möglich	*ca.wikicamps.co*	ja	ja
Woodall's RV & Camping Copilot	Übersicht zu mehr als 12.000 Campingplätzen Nordamerika, Suchfilter für Wohnmobile vorhanden	*nn*	ja	nein

9.3 Übersicht: Zehn besonders beliebte Campingplätze*

Folgende neun RV-Campgrounds (sowie einen Zeltplatz für eine Mehrtageswanderung) haben Kanada-Urlauber und Reiseprofis zu den schönsten Stellplätzen im ganzen Land gewählt:

Platz	Ort	Campground
1	Kluane Lake National Park	Kathleen Lake Campground: fotogener Blick auf den Kathleen Lake und die Gipfel der St. Elias Mountains, weitläufigen Stellplätze; Kluane NP, *parks.canada.ca/pn-np/yt/kluane/visit/services/kathleen#k2*
2	Pacific Rim National Park	Green Point Campground: am Long Beach mit Blick auf den Pazifik, an einem der schönsten Strände des Landes, Stellplätze mit hohen Nummern (60 bis 80) bieten Meerblick, die Stellplätze rund um Nummer 40 liegen nah am Highway. Viel Schatten und zuweilen Bären auf dem Areal nahe zu Tofino und Ucluelet mit dem großen Ausflugsangebot, mit Stromanschluss; Pacific Rim NP, *parks.canada.ca/pn-np/bc/pacificrim*
3	Jasper National Park	Icefields Centre RV Campground: fantastische Lage und Aussicht entschädigen für spartanischen Service, Parkplatz am Icefield Glacier Discovery Centre, keine Reservierungen; Jasper NP, *parks.canada.ca/pn-np/ab/jasper/activ/passez-stay/camping*
4	Waterton Lakes National Park	Townsite Campground: am Ufer Upper Waterton Lake, teils mit Stromanschluss, zentral gelegen; Waterton Lakes NP, *pc.gc.ca/en/pn-np/ab/waterton/activ/camping/townsite-camping*

*Quelle: Quelle: 360 Kanada-Träume: Tipps für eine unvergessliche Reise im Land des Ahorns (360° medien, 2018, Taschenbuch, ISBN 978-3947164288)

Platz	Ort	Campground
5	Mount Robson Provincial Park	Berg Lake Campground: Bergromantik par excellence, aber nur zu Fuß erreichbar (nicht für Wohnmobile geeignet), Zeltplatz auf der mehrtägigen Wanderung zum Berg Lake, Stellplätze müssen vorab reserviert werden; Mount Robson PP; *bcparks.ca/reservations/backcountry-camping/berg-lake-trail*
6	Juan de Fuca Provincial Park	China Beach Campground: eine der beliebtesten Anlagen auf Vancouver Island, Walbeobachtungen direkt vom Land, viele Wanderungen; Juan de Fuca PP, *bcparks.ca/juan-de-fuca-park/#park-camping-details*
7	Grasslands National Park	Frenchman Valley Campground: in unberührtem Prärie-Gebiet, Bisons oftmals zu beobachten, teils mit Stromanschluss; Grasslands NP, *pc.gc.ca/en/pn-np/sk/grasslands/activ/activ4/activ4a*
8	Amherst Shore Provincial Park	Woodland Campground: gute Bademöglichkeiten, nahe zur Confederation Bridge; Amherst Shore PP, *parks.novascotia.ca/content/amherst-shore*
9	Driftwood Provincial Park	Brumm Campground: am Ufer des Ottawa River mit Blick auf das Upper Ottawa Valley und die Laurentian Hills, teils mit Stromanschluss; Driftwood PP, *ontarioparks.com/park/driftwood/camping*
10	Jasper National Park	Wilcox Creek Campground: terrassenförmig, eine der schönsten Anlagen im Park, fünf Minuten zum Icefield Glacier Discovery Centre, keine Reservierungen, nur für RVs bis Klasse C27 geeignet; Jasper NP, *parks.canada.ca/pn-np/ab/jasper/activ/passez-stay/camping*

CanaDream

10. Rückgabe des Wohnmobils

Auf der Rückfahrt vom Kananaskis Country zurück nach Calgary

10. RÜCKGABE DES WOHNMOBILS

Irgendwann ist auch das größte Abenteuer vorbei, nach vielen hundert Kilometern auf kanadischen Straßen endet der Roadtrip schließlich wieder. Urlauber sind verpflichtet, ihr rollendes Eigenheim pünktlich und im ordnungsgemäßen Zustand zurückzugeben.

Im Regelfall muss das Wohnmobil vormittags bis elf Uhr wieder auf dem Hof des Vermieters abgestellt werden. Eine Rückgabe am Nachmittag, beispielsweise bis 15 Uhr, ermöglichen nur die wenigsten Anbieter, und dann auch nur gegen einen erheblichen Aufpreis. Ohnehin sollten die Öffnungszeiten der Rückgabestation schon bei Planung und Buchung berücksichtigt werden. Denn viele Stationen sind an Wochenenden nicht oder nur eingeschränkt, beispielsweise nur samstags, in Betrieb.

Mit Blick auf den Rückgabetermin empfiehlt es sich, die letzte Nacht im Camper auf einem Stellplatz in der Nähe des Vermieters zu verbringen. Denn wer morgens unerwartet lange mit Packen und Aufräumen beschäftigt ist oder im Stau steht, muss bei verspäteter Rückgabe mit zusätzlichen Kosten rechnen – beispielsweise 25 Dollar pro Stunde oder mehr.

Aufräumen ist Pflicht!

Für die Vorbereitung einer ordnungsgemäßen Rückgabe sollten Urlauber ein bis zwei Stunden einplanen. Einerseits gilt es natürlich, die persönliche Habe wieder einzupacken. Andererseits muss das Fahrzeug im Innern gereinigt werden. So verlangen Vermieter beispielsweise, dass die Tische und andere Oberflächen gewischt sowie das Geschirr komplett gespült und der Fußboden gefegt werden. Zudem gehört jegliche Ausstattung, etwa in der Küche, wieder an ihren angestammten Platz. Auch im Badezimmer sollte nichts zurückbleiben. Überdies müssen beide Abwassertanks komplett entleert werden – ein Verstoß kann schnell 150 Dollar Zusatzkosten verursachen. Tische, Stühle sowie weiteres Equipment müssen am richtigen Ort verstaut werden. Von außen muss das Fahrzeug nur dann gereinigt werden, wenn es so schmutzig ist, dass die Mitarbeiter der Verleihfirma mögliche Schäden übersehen würden. Alles ist allem nicht sonderlich aufwendig, muss aber gemacht werden und kostet leider Zeit.

Wer keine Lust auf ein letztes Abendessen auf dem Campingplatz hat (vielleicht als Resteessen?), gönnt sich zum Abschluss und als Entschädigung fürs Packen und Putzen einen Abstecher in ein nahes Restaurant. Die Vermietstationen finden sich fast ausnahmslos in Städten. Da die letzte Nacht idealerweise entsprechend nahe verbracht wird, dürfte auch problemlos ein Mitfahrtdienst wie Uber verfügbar sein – falls sich kein adäquates Restaurant fußläufig zum Stellplatz findet und man nicht mehr die Küche im Wohnmobil bemühen möchte.

Resteessen vor der Rückgabe

Am letzten Morgen schließlich muss das Bettzeug abgezogen und der Kühlschrank nach dem Frühstück endgültig leer sein. Und auf der Fahrt zum Vermieter nicht vergessen: vor der Abgabe noch ein letztes Mal eine Tankstelle ansteuern. Wohnmobile müssen mit vollem Benzin- bzw. Dieseltank zurückgegeben werden.

RVs müssen vollgetankt zurückgegeben werden.

Die Rückgabe selbst gestaltet sich einfach und läuft meist schnell ab, sofern nicht zu viel Andrang herrscht. Die Zahl der gefahrenen Kilometer und der Füllstand des Treibstofftanks sowie des Gastanks werden dokumentiert. Ebenso prüft ein Mitarbeiter, ob die beiden Abwassertanks geleert sind und das Fahrzeug innen gereinigt worden ist. Ein geliehenes Navigationsgerät ist jetzt abzugeben, Koffer oder Reisetaschen aus dem Fahrzeug zu räumen. Falls noch Lebensmittel oder Drogerieartikel übrig sind, können diese meist in einem Regal oder einer Kiste hinterlassen werden. Der nächste Mieter freut sich, wenn er Gewürze, Ketchup oder Toilettenpapier nicht kaufen muss – und die Umwelt wird auch geschont, wenn nicht unnötig Lebensmittel und ähnliches weggeworfen werden. Zuweilen wird das Wohnmobil nicht nur von außen auf Beschädigungen gecheckt, sondern auf der Hebebühne auch von unten. Wenn keine Verstöße gegen den Mietvertrag festgestellt werden, ist das Procedere schnell erledigt. Wer einen umfänglichen Versicherungsschutz abgeschlossen hat, kann der Rückgabe ohnehin gelassen entgegensehen.

Im Büro erhält der Mieter schließlich noch eine Abschlussrechnung. Hierauf sollten alle noch fälligen Kosten (beispielsweise für gefahrene Kilometer) dokumentiert sein ebenso wie die Rückzahlung einer möglichen Kaution (sofern keine Schäden vorliegen). Am besten lässt sich der Urlauber noch schriftlich bestätigen, dass die Rückgabe erfolgreich und ordnungsgemäß erfolgt ist. Falls Verkehrsverstöße (z. B. wegen falschen Parkens) vorliegen, sollte dies jetzt gemeldet werden – insbesondere dann, wenn noch eine Strafe zu zahlen ist und die Mietwagenfirma in die Abwicklung eingebunden ist. Sonst können drastische Verwaltungsgebühren anfallen – zusätzlich zur eigentlichen Strafe. Gut zu wissen: Gibt der Reisende das Fahrzeug früher als vereinbart zurück oder schöpft das gebuchte Kilometerpaket nicht aus, erhält er kein Geld zurück!

Damit ist der Roadtrip leider zu Ende. Per Taxi oder Mitfahrdienst wie Uber oder Lyft geht es zum Flughafen – oder für einen Anschlussaufenthalt ins Hotel.

Auch der schönste Roadtrip mit dem RV ist irgendwann zu Ende.

ADVENTURER
ADVENTURER

Teil 2: Routen

Schöner Stellplatz in der Nähe von Kamloops

Teil 2: Routen

Unterwegs auf dem Icefields Parkway: eine der schönsten Panoramastraßen weltweit

Wie lässt sich das zweitgrößte Land der Erde am besten bereisen? Einmal quer durch Kanada über den Trans-Canada Highway? Oder beim ersten Mal besser die einzigartigen Rocky Mountains erkunden? Oder doch zur farbenfrohen Fall Foliage in die östlichen Landesteile? Und, wie wäre es mit dem hohen Norden, funkelnde Nordlichter inklusive? Das Land des Ahornblatts lässt sich auf vielen Routen erkunden: von Whitehorse im Yukon im Nordwesten bis zu den Niagara Falls in Ontario im Südosten. Um Ihnen die Planung zu erleichtern und Ihnen Inspirationen zu liefern, finden Sie auf den folgenden Seiten zehn abwechslungsreiche Streckenempfehlungen. Ausflugstipps und wichtige Hinweise zur Reiseplanung sowie Empfehlungen zum Übernachten ergänzen die Routenbeschreibungen.

Hinweise:

- Alle Routen beginnen mit dem Abholen des Wohnmobils als Tag 1 – die Anreise nach Kanada muss mindestens eine Nacht zuvor erfolgen. Aus Versicherungsgründen ist eine Übernahme des RV am Tag der Anreise aus Übersee nicht gestattet.
- Die angegebenen Distanzen und Fahrtzeiten wurden mit Google Maps ermittelt und sind idealtypisch. Sie beziehen sich auf den direkten Weg von A nach B und dürften in der Praxis eher länger ausfallen (durch Fotostopps, Pausen Umwege, Staus etc.).
- Alle Preise sind ohne Mehrwertsteuer angegeben. Bei Campingplätzen in National und Provincial/Territorial Parks fällt neben den angegebenen Kosten für einen Stellplatz noch eine Eintrittsgebühr an.
- Manche Orte werden in mehreren Routen vorgestellt, beispielsweise Vancouver und Whitehorse. In diesen Fällen finden Sie Verweise.

Pine Valley
Dawson Creek
Falher
Atikameg
Chetwynd
High Prairie
Mackenzie
Slave Lake
Tumbler Ridge
Grande Prairie
Valleyview
ALBERTA
Whitecourt
Westlock
Prince George
Grande Cache
Mayerthorpe
Edson
Hixon
Hinton
KANADA
Drayton Valley
Mount Robson
Quesnel
Valemount
Jasper
Ponoka
BRITISH COLUMBIA
Jasper NP
Macalister
Wells Gray PP
Columbia-Eisfeld
Red Deer
Williams Lake
Blue River
Hanceville
Yoho NP
Carstairs
100 Mile House
Clearwater
Lake Louise
Banff
Golden
Canmore
Calgary
Lillooet
Revelstoke
Diamond Valley
Kamloops
Okanagan Lake
Vernon
Nakusp
Stavely
Merritt
Whistler
Elkford
Kelowna
Hells Gate
Penticton
Nelson
Cranbrook
Hope
Vancouver
Harrison Hot Springs
Trail
Creston
Osoyoos
Abbotsford
Bonners Ferry
Colville
Victoria
Sandpoint
Kalispell
Omak
USA
Seattle
Leavenworth
Polson
Spokane
WASHINGTON
Plains
Olympia
Moses Lake

Roadtrip 1: Zwischen Pazifik und Rocky Mountains

Ab/bis Vancouver durch das westliche Kanada

Wildlife pur, malerische Seen, hohe Gipfel, imposante Gletscher und rauschende Wasserfälle: Bei einer Rundreise durch British Columbia und Alberta erleben Reisende vieles, was Kanada so attraktiv macht. Der beliebte Lake Louise, die Traumstraße Icefields Parkway oder Vancouver als Perle am Pazifik sind nur einige von vielen Highlights entlang der Strecke. Hier wird das Klischee von Kanada perfekt – spätestens wenn der erste Bär oder Elch gesichtet wird. Bei Wanderungen und Bootstouren lässt sich die Weite der Landschaft, oftmals als National- oder Provinzparks geschützt, entdecken.

Harrison Hot Springs

Tag 1: Wasserfall und heiße Quellen

Gerade bei früher Abholung des Wohnmobils erleben Reisende schon am ersten Fahrtag zwei beliebte Attraktionen: die 122 Meter hohen Bridal Veil Falls als Kanadas sechsthöchste Wasserfälle, ehe das Tagesziel Harrison Hot Springs mit seinen heißen Quellen erreicht ist.

Tage 2 und 3: Okanagan Lake

Auf der Weiterfahrt bietet sich eine Wanderung zu den früheren Eisenbahntunneln Othello Quintette Tunnels an. Alternativ – oder bei viel Zeit und mit Lust auf einen Abstecher – lohnt ein Besuch des Fraser Canyon. Von der Aussichtsplattform am Hell's Gate genießen Urlauber einen Panoramablick auf den wohl spektakulärsten Abschnitt des Fraser River. Hier rauschen die Wassermassen mit einem ohrenbetäubenden Lärm durch die schmale Schlucht. Die Plattform mit Shop und Café ist erreichbar über eine kleine Seilbahn, die über den Fraser River führt. Der Ausblick rechtfertigt den Umweg von 140 Kilometern!

Hells Gate

Schließlich ist das von Farmland geprägte Okanagan Valley erreicht, das zu den wärmsten Regionen des Landes zählt. Als relaxte Ausgangsbasis für die Region empfiehlt sich der Okanagan Lake Provincial Park. Das rund 30 Autominuten entfernte Kelowna ist ein aufstrebender Ferienort – auch dank der schönen Strände. Über die Vergangenheit informiert das Okanagan Heritage Museum (mit hübschem Totempfahl am Eingang), über den Weinanbau in der Region das Orchard Industry Museum. Weinproben werden auf vielen Weingütern offeriert. Wer die Landschaft genießen möchte, fährt mit der historischen Eisenbahn Kettle Valley Railway. Der ebenfalls historische Schaufelraddampfer SS Sicamous lässt sich indes nur noch besichtigen. Gleichwohl starten ab Kelowna verschiedene Bootstouren.

Okanagan Valley: bekannte Weinbauregion

Extra-Tour:

Urlauber mit viel Zeit nehmen die südliche Route (3 statt 97C) und legen vorher eine Extra-Nacht im kleinen Städtchen Osoyoos ein. An Weinberge und Obstplantagen schließt sich Kanadas einzige Trockenwüste an: Das Osoyoos Desert Centre bietet einen guten Überblick und umfasst einen kurzen naturkundlichen Pfad. Auch Penticton mit den Weingütern wäre dann ein lohnenswerter Stopp.

Unterwegs im Mount Revelstoke National Park

Tag 4: Weite Blumenlandschaften

Die Kleinstadt Revelstoke ist in erster Linie das Gateway in den Mount Revelstoke National Park, der bei internationalen Besuchern weit weniger bekannt ist. Fotogen leuchten hier die Wildblumen. Und nicht den Giant Cedars Trail verpassen!

Tage 5 und 6: Die Berge rufen

Endlich sind die Rocky Mountains erreicht. Und der Yoho National Park an der Grenze zwischen British Columbia und Alberta präsentiert sich wie ein Sehnsuchtsziel aus dem Bilderbuch: pittoreske Seen und mächtige Gipfel sowie die Takakkaw Falls.

Umgeben von bis zu 3000 Meter hohen Gipfeln und dem Emerald Glacier liegt der smaragdgrüne Emerald Lake. Den Spaziergang um den See (rund fünf Kilometer, zwischen 60 und 120 Minuten) sollte niemand verpassen. Die beschauliche Landschaft wirkt noch imposanter, je weiter man sich vom Parkplatz weg bewegt. Noch besser: eine Tour im Kanu. Als wohl schönste Wanderung im Yoho National Park gilt die Tour rund um den Lake O'Hara: Hierfür sollten Urlauber aber dringend frühzeitig (also Monate vorher bei der Reiseplanung) den kostenpflichtigen Bus-Shuttle buchen, um sich den elf Kilometer langen Anmarsch (und gleich langen Rückweg) vom Parkplatz zum See zu ersparen. Zu den sehenswerten, rund 380 Meter hohen Takakkaw Falls führt die steile und kurvige Yoho Valley Road, die für größere Wohnmobile (ab Klasse C24) nicht empfehlenswert ist.

Gleich mehrere schöne Aussichtspunkte liegen entlang des Trans-Canada Highway. Besonders sehenswert ist der Blick vom Spiral Tunnels Viewpoint: Hier windet sich die Eisenbahntrasse der Canadian Railway in zwei Kurven durch den Berg – sehr eindrucksvoll, wenn gerade ein Zug kommt. Der ebenso berühmte Kicking Horse Campground liegt nicht weit entfernt.

Paddeltour auf dem Emerald Lake

Extra-Tour:

Wer drei, vier Tage mehr Zeit hat, kann noch zwei weitere unvergessliche Regionen in Alberta besuchen: weiter südlich den Waterton Lakes National Park (an der Grenze zu den USA und mit dem empfehlenswerten Glacier National Park) oder westlich den Dinosaur Provincial Park.

Tag 7: Banff

Der wohl bekannteste Ort in den kanadischen Rocky Mountains ist das Tor zu zwei der beliebtesten Nationalparks in ganz Kanada, verbunden durch den Icefields Parkway. Für entspannte Stunden steht ein Abstecher in Banff Upper Hot Springs an. Mehrere Museen und National Historic Sites sowie die Banff Avenue als Hauptstraße sind sehenswert. Mit der Banff Gondola lässt sich die Aussicht vom rund 2500 Meter hohen Sulphur Mountain erleben.

Banff: Gateway zum Icefields Parkway

Gut zu wissen: In den nächsten Tagen sind die Versorgungsmöglichkeiten rar und meist teurer; daher besser hier nochmals Lebensmittel und Getränke bunkern.

Tage 8 und 9: Lake Louise und Moraine Lake

Auf der Weiterfahrt zum vielleicht bekanntesten See Kanadas nehmen Urlauber statt des Trans-Canada Highway besser die langsamere, parallel verlaufenden Bow Valley Road: Hier bestehen gute Chancen kanadisches Wildlife zu beobachten. Unterwegs lohnt die Wanderung im Johnston Canyon zu den Lower Falls (ein Kilometer, einfacher Weg) und den 30 Meter hohen Upper Falls am Ende der vier Kilometer langen Schlucht.

Der Lake Louise im Vordergrund mit dem dahinter liegenden Victoria Glacier ist das Top-Ziel in den Rocky Mountains. Definitiv eines der schönsten Bergpanoramen – und entsprechend beliebt! Daher am besten einen Bus-Shuttle (beispielsweise ab Lake Louise Summer Gondala am Skigebiet) buchen, um Frust bei der Parkplatzsuche zu vermeiden: Denn mittlerweile ist der Parkplatz direkt am See für Wohnmobile gesperrt. Und der Fairview-Parkplatz liegt 1,5 Kilometer (kein Shuttle möglich) entfernt und bietet ohnehin

Lake Louise: einer der meistfotografierten Seen in den Rocky Mountains

nur wenige Stellplätze. Unbedingt am See entlang spazieren – denn zum Glück halten sich viele Gäste nicht lang und zumeist nur am bekannten Hotel Chateau Lake Louise auf. Für eine längere Wanderung empfiehlt sich die vierstündige Tour über rund 400 Höhenmeter zum Lake Agnes auf 2118 Meter, mit dem gleichnamigen Tea House. Mit viel Ruhe und dem Blick auf sechs Gletscher reizt die 14,8 Kilometer lange Wanderroute Plain of the Six Glaciers, ebenfalls zu einem Tea House. Auf der anderen Seeseite führt ein kurzer, steiler Trail zu einem Aussichtspunkt.

Noch mehr Berg-Feeling versprüht der nahe Moraine Lake. Kein See funkelt majestätischer, nirgends verzaubern die Berge so sehr: Der See, mittlerweile nur noch per Bus zu erreichen, gilt als schönster See der Rocky Mountains. Diese Idylle sollte sich in der Tat niemand entgehen lassen – ob per Wanderung oder Kanutour

Moraine Lake im Valley of the Ten Peaks

und wenn einen nicht die Besuchermassen abschrecken. Der von einem gewaltigen Felssturz aufgestaute Moraine Lake liegt inmitten des Valley of the Ten Peaks mit seinen schneebedeckten Gipfeln. Fotogen strahlt der Bergsee in den schönsten Türkisfarben, je nach Sonneneinstrahlung in unterschiedlichen Tönen. Wie am Lake Louise lässt sich die Schönheit intensiver und ruhiger auf einem der vielen Wanderwege genießen.

Gut zu wissen: Die Vermillion Lakes und der Lake Minnewanka sind trotz ihrer Schönheit weit weniger frequentiert. Beide liegen unweit der Kleinstadt Banff.

Tag 10: Icefields Parkway – Straße der Superlative

Vor der Weiterfahrt unbedingt noch mit der Lake Louise Summer Gondola hoch auf einen Aussichtspunkt fahren: Der Panoramablick auf den See und die Berge ist unvergesslich. Und zwischendrin

Aussichtspunkt mit Panoramablick auf den Peyto Lake

besteht eine gute Chance, Grizzlys und andere Tiere zu beobachten. Nun folgt der Roadtrip weiter auf dem legendären Icefields Parkway. Die insgesamt 232 Kilometer lange Panoramastraße entlang zahlreicher Gipfel und Bergseen sowie sieben Campingplätzen wird gern als „Promenade der Gletscher" gewürdigt und zählt zu den schönsten Scenic Routes der Welt. Sie führt als Teil des Highway 93 quer durch das Herz der Rocky Mountains. Hier kann man durchaus auch eine ganze Woche verbringen – aber mindestens doch eine Nacht, auch wenn sich die Panoramastraße problemlos binnen weniger Stunden abfahren lässt.

Zu den schönsten Aussichtspunkten unter den vielen sehenswerten Plätzen zählt der Stopp am Peyto Lake an einem der höchsten Punkte – auf über 2000 Meter – entlang des Icefields Parkway. Der Panoramablick auf den Türkis leuchtenden Gletschersee ist atemberaubend. Gut zu wissen: Teils ist der Peyto Lake noch im Juni zugefroren.

Bei der Fahrt über den Icefields Parkway sollten Reisende mindestens eine Zwischen-Übernachtung einplanen – so viel gibt es hier zu erleben.

Zu den spektakulärsten Stopps zählt der Athabasca Glacier als Teil des Columbia Icefield. Auch wenn sich das Eis zurückzieht, ist der Anblick unvergesslich. Der Gletscher lässt sich auf geführten Touren erwandern. Alternativ können sich Reisende mit einem Spezialbus – genannt Ice Explorer – für eine kurze Stippvisite aufs 10.000 Jahre alte Eis fahren lassen. In der Nähe lockt zudem ein sogenannter Glacier Skywalk in 280 Meter Höhe mit einem Blick auf das Sunwapta Valley. Das Icefield Glacier Discovery Centre ist wohl neben Lake Louise das touristische Zentrum des Icefields Parkway.

Tage 11 und 12: Jasper National Park

Von Lake Louise aus kommend sind die Athabasca Falls das letzte populäre Highlight des Icefields Parkway, ehe Jasper erreicht wird. Hier hat sich der Athabasca River 23 Meter durchs Gestein gebohrt. Bei gutem Wetter bestaunen viele hundert Besucher von zahlreichen Aussichtspunkten die Wasserfälle, die einen scheinbar permanenten Gischtnebel schaffen. Deutlich weniger Besucher steuern übrigens die ebenfalls sehenswerten Sunwapta Falls an.

Spirit Island im Maligne Lake zählt zu den Top-Attraktionen in dern Rocky Mountains.

Mit herausragender Schönheit präsentiert sich auch der Maligne Lake. Die kleine Insel Spirit Island wiederum ist eines der Symbole für die Rocky Mountains schlechthin. Kein Wunder, dass die Bootsfahrten auf dem Maligne Lake mit kurzer Pause auf der Insel so beliebt sind: Während der 90-minütigen Fahrt genießen die Passagiere die Gletscher und Gipfel des Jasper National Park, die sich fotogen im azurblauen Wasser des Sees spiegeln. Sportliche Reisende mieten indes ein Kanu oder Kajak. Auf der zum See führenden Maligne Lake Road bestehen gute Chancen, Bären, Elche und andere typisch kanadische Tiere zu sehen. Ganz in der Nähe liegt mit dem Maligne Canyon die tiefste Schlucht des Nationalparks.

Blick vom Whistlers Mountain

Mehrere Brücken und Aussichtspunkte eröffnen schöne Blicke in den schmalen Canyon.

Vom 2463 Meter hohen Whistlers Mountain, erreichbar mit der Jasper SkyTram, genießen Reisende den schönsten Blick auf den Nationalpark. Bei guter Sicht lässt sich sogar der gut 50 Kilometer entfernte Mount Robson erspähen. Fotogen ist der Blick auf die zahlreichen Seen, etwa Beauvert Lake sowie Patricia und Pyramid Lake, inmitten der Berglandschaft.

Tag 13: Höchster Gipfel der Rockys

Der Mount Robson macht sich gern rar: Der mit 3954 Metern höchste Gipfel der kanadischen Rocky Mountains ist oft wolkenverhangen. Laut Faustregel lässt er sich nur durchschnittlich jeden dritten Tag bestaunen. Wenn sich Mount Robson zeigt, dann reicht ein Stopp am Besucherzentrum (zuweilen auch ein guter Spot für Tierbeobachtungen). Zahlreiche Wanderwege führen durch den gleichnamigen Provincial Park, darunter der zweitägige Berg Lake Trail als eine der schönsten Touren der gesamten Rocky Mountains.

Tag 14: Wassersport

Auf halbem Weg zwischen Jasper und Kamloops findet sich ein echtes Idyll: Das kleine Örtchen Blue River ist für Wassersport aller Art bekannt, in erster Linie Bootstouren mit Katamaran oder Jetboat.

Tage 15 und 16: Wells Gray Provincial Park

Die Gischtwolke ist von Weitem zu sehen und zu hören – und teils als leichter Wasserfilm spüren: Die Helmcken Falls findet manch ein Besucher beeindruckender als die berühmten Niagara Falls.

Am vierthöchsten Wasserfall Kanadas fällt der Murtle River rund 140 Meter in einer trichterförmigen Felsformation in die Tiefe – die beliebteste Attraktion im Wells Grey Provincial Park, der 1996 nochmals erweitert wurde. Auf dem Weg zu den Helmcken Falls passieren Besucher bereits die Dawson Falls, die mit einer Breite von 90 Metern und einer Höhe von 18 Metern auch als „Little Niagara Falls" gelten. Ebenfalls sehenswert sind die Stromschnellen Baileys Chute, vor allem zur Wanderung der Lachse im August und September. Der Clearwater Lake und der Azure Lake bieten sich für eine Kanutour an.

Helmcken Falls: vierthöchster Wasserfall im Ahorn-Land

Tag 17: Kamloops

Bis heute ist die 90.000-Einwohner-Stadt Kamloops ein wichtiger Verkehrsknotenpunkt. Den Glanz alter Zeiten vermittelt das Kamloops Museum, während das Secwepemc Museum and Native Heritage Park über die First Nations informiert. Als sehenswerter Ausflug gilt eine Fahrt mit der Kamloops Heritage Railway.

Tag 18: Whistler

Mit den Olympischen Winterspielen in Vancouver 2010 wurde Whistler als Wintersportort weltbekannt. Hier fanden zahlreiche Wettbewerbe statt, beispielsweise die alpinen Wettbewerbe und der Biathlon. In der Fußgängerzone erinnert eine Skulptur mit den fünf olympischen Ringen an die Winterspiele. Im Sommer erobern Wanderer und Mountainbiker die Region. Und egal zu welcher Jahreszeit: Eine Fahrt mit der Peak 2 Peak Gondola garantiert beste Fotos. Über eine Länge von 4,4 Kilometer verbindet sie die hoch gelegenen Skigebiete Whistler Mountain und Blackcomb Peak miteinander.

Tag 19: Letzte Fotostopps

Der Sea-to-Sky Highway gilt als eine der Traumstraßen Kanadas überhaupt. Neben Aussichtspunkten, Fotostopps und Wanderungen lohnt sich eine Fahrt zur auf rund 1000 Meter hoch gelegenen Aussichtsplattform der Sea to Sky Gondola. Ziel der letzten Etappe ist Vancouver.

Aussichtsplattform der Sea to Sky Gondola

Tag 20: Zurück in Vancouver

Wer sein Wohnmobil noch nicht zurückgegeben muss, kann vom Burnaby Cariboo RV Park aus bequem Vancouver erkunden.

Totempfähle im Stanley Park

Empfehlungen zur Verlängerung:

Vancouver Island und die Sunshine Coast sind von Vancouver in nur kurzer Fahrzeit erreichbar und eine ideale Verlängerung dieser Reise (siehe Roadtrips 2 und 3) – mindestens vier Nächte sind für einen Abstecher, beispielsweise zum Pacific Rim National Park auf Vancouver Island, einzuplanen.

Tag	Distanz (Kilometer)	Tagesziel	Campingplatz
1	131	Harrison Hot Springs	Harrison Springs Camping & RV: am Ortseingang; 740 Hot Springs Road, Harrison Hot Springs, BC V0M 1K0, *harrisonsprings.com*
2+3	280 (inkl. Hell's Gate)	Okanagan Lake Provincial Park	South Campground: nahe zum Strand; Okanagan Lake PP, *bcparks.ca/okanagan-lake-park*
4	236	Mount Revelstoke National Park	Williamson Lake Campground: Stellplatz 29 mit freiem Blick auf den idyllischen Williamson Lake und die umliegenden Berge, mit Bootsverleih; 1817 Williamsons Lake Road, Revelstoke, BC V0E 2S1, *williamsonlakecampground.ca* Snowforest Campground: im Wald, fünf Kilometer von Revelstoke entfernt, teils mit Stromanschluss; Mount Revelstoke NP, *parks.canada.ca/pn-np/bc/revelstoke/activ/passez-stay/camping*
5+6	171	Yoho National Park	Kicking Horse Campground: schöne Aussicht auf Cathedral Mountain, Stellplatz 45 liegt direkt am Fluss; Yoho NP, *parks.canada.ca/pn-np/bc/yoho/activ/camping*
7	112	Banff	Tunnel Mountain Village Campground: große, mehrfach geteilte Anlage, wenige Kilometer außerhalb des Stadtzentrums, mit Busverbindung; Banff NP; *parks.canada.ca/pn-np/ab/banff/activ/camping*
8+9	65	Lake Louise	Lake Louise Hard-sided Campground: nahe zum Lake Louise, Bus-Shuttle zu Lake Louise und Moraine Lake, Reservierung dringend empfohlen; Banff NP; *parks.canada.ca/pn-np/ab/banff/activ/camping*
10	129	Icefields Parkway	Icefields Centre RV: großer geteerter Parkplatz direkt am Icefield Glacier Discovery Centre mit Blick auf den Gletscher, keine Reservierungen möglich, kein Service; Jasper NP, *parks.canada.ca/pn-np/ab/jasper/activ/passez-stay/camping*

Tag	Distanz (Kilometer)	Tagesziel	Campingplatz
11+12	103	Jasper	Whistlers Campground: unweit vom Ort Jasper, Full Hook-up möglich, unbedingt reservieren, frisch modernisiert; Jasper NP, *parks.canada.ca/pn-np/ab/jasper/activ/passez-stay/camping* Wilcox Creek: terrassenförmig, gilt als eine der schönsten Anlagen im Park, fünf Minuten zum Icefield Glacier Discovery Centre, keine Reservierungen, nur für RVs bis Klasse C27 geeignet; Jasper NP, *parks.canada.ca/pn-np/ab/jasper/activ/passez-stay/camping*
13	89	Mount Robson Provincial Park	Robson River: kleine Anlage mit großen Stellplätzen, nahe zum Besucherzentrum, teils mit Strom; Mount Robson PP, *bcparks.ca/mount-robson-park/#park-camping*
14	125	Blue River	Blue River Campground: mit Kanuverleih; 991 Blue River West Frontage Road, Blue River, BC V0E 1J0, *bluerivercampground.ca*
15+16	107	Wells Grey Provincial Park	Clearwater Lake Campground: am vergleichsweise warmen Mahood Lake; Wells Grey PP, *bcparks.ca/wells-gray-park*
17	125	Kamloops	Kamloops RV Park: 15 Fahrminuten zur Innenstadt, Bushaltestelle; 9225 Dallas Drive, Kamloops, BC V2C 6V1, *kamloopsrvpark.ca*
18	300	Whistler	Whistler Olympic Park RV & Campground: 2024 neu eröffnet, im Olympia Park mit Blick auf Skisprunganlagen; 1500 Callaghan Road, Whistler, BC V0N 1B0, *whistlersportlegacies.com/whistler-olympic-park/whistler-olympic-park-rv-campground* Whistler RV Park and Campgrounds: 20 Autominuten südlich von Whistler; 55 BC-99, Whistler, BC V8E 0C5, *whistlerrvpark.com*

Tag	Distanz (Kilometer)	Tagesziel	Campingplatz
			Riverside Parkbridge Camping & RV Resort: sechs Minuten nördlich; 8018 Mons Road, Whistler, BC V8E 1K6, *parkbridge.com/en/resort/resort-detail/riverside*
19	139	Vancouver	Burnaby Cariboo RV Park Vancouver: gute Verkehrsanbindung fürs Sightseeing, mit Hallenbad; 8765 Cariboo Place, Burnaby, BC V3N 4T2, *bcrv.com*
20	15	Vancouver	Rückgabe des Wohnmobils

INFO

Gesamtlänge: rund 2300 Kilometer (20 Tage; 27 Stunden reine Fahrzeit)

Beste Jahreszeit: Mai bis Oktober

An-/Abreise: Vancouver ist täglich ab Deutschland per Nonstopflug erreichbar – Air Canada, Condor und Lufthansa fliegen teils täglich ab Frankfurt/Main und München.

Tipps:

- Die Landschaft rund um den Icefields Parkway erscheint schöner bei einer Tour von Ost nach West.
- Calgary bietet sich als Alternative zu Vancouver als Gateway für eine Rundreise an.
- Wer mehr Zeit in den Rocky Mountains verbringen möchte, investiert in die kostenpflichtige Einwegmiete von Calgary nach Vancouver und verzichtet auf die Stopps in Harrison Hot Springs sowie im Okanagan Lake Provincial Park und im Mount Revelstoke National Park.

Rainbow Lake
Stikine
Finlay
Nig Creek
McConnell Creek
BRITISH COLUMBIA
Fort St. John
Stewart
Williston Lake
Dawson Creek
Chetwynd
Babine
Gitlaxt'aamiks
Skeena
Old Fort
Grande Prairie
Smithers
Prince Rupert
Terrace
Fraser Lake
Nechako
Grande Cache
Kitimat
Marilla
Beaumont PP
Kemano
McBride
Hartley Bay
Jasper
KANADA
Fraser
Wells Gray PP
Bella Coola
Williams Lake
Bella Bella
Clearwater
Columbia
Port Hardy
Port McNeill
Kamloops
Telegraph Point Dr
Lillooet
Nakusp
Whistler
Kelowna
Courtenay
Strathcona-Westmin PP
Parksville
Vancouver
Columbia
Tofino
Pacific Rim NP
Victoria
Omak
USA
Seattle
0
300 km
Olympia
Moses Lake

ROADTRIP 2: WILDLIFE, FJORDE UND NATUR PUR AM PAZIFIK

Ab/bis Vancouver durch das westliche British Columbia – mit Vancouver Island und der Fähre durch die einmalige Inside Passage

Gleich drei Sehnsuchtsziele verbindet dieser Roadtrip durch das westliche British Columbia: Vancouver Island, mit der Fähre entlang der Fjorde an der Inside Passage plus die Metropole Vancouver. Outdoor-Abenteuer in der Natur und Sightseeing auf Weltstadtniveau! Und ob Buckelwal oder Orca, ob Grizzly oder Schwarzbär: Hier sind unvergessliche Momente in Kanadas Tierwelt quasi garantiert. Flora und Fauna beispielsweise im Pacific Rim National Park zählen zum Besten, was Mutter Erde geschaffen hat. Dazu können sich Reisende auf eines der größten noch zusammenhängender Stücke Regenwald und auf pittoreske Städte, beispielsweise die Provinzhauptstadt Victoria, freuen.

Tage 1 und 2: Victoria auf Vancouver Island

Ob Stanley Park, Granville Island, Gastown, Canada Place oder die Capilano Suspension Bridge: Vancouver zählt für viele zu den

Große Fähren verbinden Vancouver mit Vancouver Island und der Sunhine Coast.

Schmuckes Victoria

schönsten Städten der Welt – hier lässt es sich gut mehrere Tage aushalten! Dafür aber besser ein Hotelzimmer buchen. Und zugleich ist die Perle am Pazifik ein Gateway zu beliebten Attraktionen und Orten. Nach dem Abholen des Wohnmobils geht es daher noch auf die Fähre. Ziel: Victoria auf Vancouver Island.

Die Hauptstadt des Bundesstaates British Columbia, Victoria, zeigt sich mit ihrer schmucken Innenstadt rund um den Inner Harbour „very british“: mit denkmalgeschützten Gebäuden wie dem Parlamentsgebäude samt seinem faszinierenden Stilmix unterschiedlicher Baustile. Zudem lohnen sich ein Spaziergang entlang der Promenade sowie ein Abstecher in den Thunderbird Park mit einer imposanten Sammlung von Totempfählen und eine Besichtigung des Royal British Columbia Museum zur Geschichte der Region. Auch das Blumenparadies Butchart Gardens bietet sich für einen Ausflug an.

Tag 3: Strandtag

Parksville und Qualicum Beach gelten als schönste Badeorte von Vancouver Island. Und das Meer ist hier zudem vergleichsweise warm. Ideal zum Entspannen!

Tage 4 und 5: Wale und Schwarzbären

Kein Ort auf Vancouver Island ist beliebter: Das kleine Tofino an der Westküste, groß geworden als Fischerort, liegt idyllisch auf einer Landzunge und auf drei Seiten umgeben von Wasser. Viele kleine Geschäfte und Galerien sowie Restaurants prägen den Ort. Vor allem aber ist Tofino Ausgangspunkt für unvergessliche Wildlife-Ausflüge: Im Clayoquot Sound haben Besucher quasi eine Garantie, Schwarzbären zu sichten. Zudem starten regelmäßig Boote zur Walbeobachtung auf dem offenen Meer. Manche Anbieter kombinieren auch beide Touren. Beliebt sind auch Ausflüge zu den heißen Quellen an der Hot Springs Cove, Kanutouren und Rundflüge im Wasserflugzeug. Nur wenige Minuten entfernt liegen zudem die Wanderwege und schönen Strände des Pacific Rim National Park, allen voran Long Beach. Für ein herausragendes Frühstück oder Abendessen in exquisiter Atmosphäre und mit Traumblick auf den Pazifik bietet sich das Hotel Wickaninnish Inn an, eine Topadresse in ganz Kanada. Auf der Weiterreise lohnen sich zwei Stopps entlang des BC Highway 4: die mächtigen Bäume im MacMillan Provincial Park sowie die Wasserfälle im Little Qualicum Falls Provincial Park.

Hafen von Tofino

Schwarzbar im Clayoquot Sound

Little Qualicum Falls Provincial Park

Tag 6: Höchster Berg der Insel

Der Strathcona Provincial Park lockt mit gleich zwei Superlativen: dem 2200 Meter hohen Golden Hinde als mächtigsten Gipfel von Vancouver Island, sowie den Della Falls als einem der höchsten Wasserfälle des Landes, wo das Wasser 440 Meter tief fällt. Beides ist aber nur schwer erreichbar. Daher punktet der Park vor allem mit seinen Wanderwegen sowie Kanu- und Kajaktouren auf dem Buttle Lake.

Strathcona Provincial Park: bekannt für Wanderungen und Paddeltouren

Extra-Tour 1:

Als „Hauptstadt der Lachse" gilt das an der Ostküste gelegene Campbell River. Millionen von Lachsen passieren alljährlich die Gewässer auf dem Weg zu ihren Laichplätzen, beispielsweise im Campbell River. Ganzjährig starten im Hafen geführte Bootstouren.

Extra-Tour 2:

Wer sich für die Kultur der First Nations interessiert, plant eine zusätzliche Übernachtung auf Quadra Island ein. Im Nuyumbalees Cultural Centre beeindrucken historische Masken und Totempfähle, während sich rund um den Leuchtturm von Cape Mudge viele Felszeichnungen finden. Zum Campen dann die Tsa-Kwa-Luten Lodge ansteuern.

Tage 7 und 8: Bootstour zu den Grizzlys

Telegraph Cove ist in erster Linie für seine ganztägigen Ausflüge zum Knights Inlet im Great Bear Rainforest auf der Festlandseite bekannt. Zwischen Mai und Ende September haben Reisende hier gute Chancen, Grizzlys zu beobachten – die sogenannten „Könige des Waldes". Auch Orcas werden oft gesichtet.

Tag 9: Port Hardy

Der nördlichste Ort von Vancouver Island ist als Ausgangspunkt für die Inside Passage bekannt.

Tag 10: Inside Passage

Mit der Fähre geht es auf die legendäre Passage nach Prince Rupert. Malerische Inseln und imposante Fjorde lassen während der langen Fahrt keine Langeweile aufkommen.

Tag 11: Rafting Tour

Das Tagesziel Terrace ist vor allem für sein großes Wassersportangebot bekannt. Gerade bei einer Raftingtour lässt sich das nördliche British Columbia erleben. Alternativ: die Natur auf einem der vielen Wanderwege erkunden, beispielsweise im Lakelse Lake Provincial Park, der sich auch zum Übernachten anbietet.

Rund um Smithers

Tag 12: Smithers

Schweizerische Atmosphäre erwartet Reisende in Smithers. Dazu unbedingt die Main Street entlang bummeln. Unweit der Stadt sind die Twin Falls ein sehenswertes Ausflugsziel.

Tag 13: Biber beobachten

Zahlreiche Seen und Strände prägen die Region rund um die Kleinstadt Fraser Lake. Entspannung und einen guten Spot finden Camper im nahen Beaumont Provincial Park direkt am Fraser Lake. Hier lassen sich oft Biber blicken.

Entspannende Stimmung im Beaumont Provincial Park

Tag 14: Uralte Bäume

Auf dem Weg zum Tagesziel unbedingt den Ancient Forest/Chun T'oh Whudujut Provincial Park genießen, einen vergleichsweise neuen Park in British Columbia: Hier erkunden Reisende den einzigen gemäßigten Binnenregenwald der Erde. Die Wanderung auf dem kurzen Ancient Forest Trail führt vorbei an bis zu tausend Jahre alten westlichen Rotzedern (Western Red Cedar) und einer reichen Artenvielfalt an Pflanzen, Moosen, Flechten und Pilzen. Ein weiterer, gut zwei Kilometer langer Weg verläuft zum prächtigen sogenannten Big Tree und einem wunderschönen Wasserfall. Das Schutzgebiet liegt im traditionellen Gebiet der Lheidli T'enneh und hat sich schnell zu einem beliebten Wanderziel entwickelt. Ansonsten dominiert Farmland die Landschaft bei McBride.

Der Wells Gray Provincial Park begeistert mit zahlreichen Wasserfällen.

Tage 15 und 16: Wasserfälle im Wells Gray Provincial Park

Die Helmcken Falls als vierthöchster Wasserfall Kanada sind bei Weitem nicht so bekannt wie die Niagara Falls – aber mindestens so beeindruckend. Zwei Nächte im Wells Gray Provincial Park bieten viel Freiraum zum Erkunden und Erholen (mehr siehe Route 1).

Tag 17: Zeitreise

Lillooet erlebte rund um das Jahr 1860 den Höhepunkt eines einzigartigen Goldrausches und war der größte Ort nördlich von San Francisco. An diese Zeit erinnert das kleine Lillooet Historic Museum. Ebenfalls in die Vergangenheit entführt die Historic Hat Creek Ranch. Neben der Besichtigung des historischen Gebäudeensembles rund um das alte Roadhouse können Besucher Kutschfahrten unternehmen oder sich im Goldwaschen versuchen.

Unterwegs auf dem Sea-to-Sky Highway

Tag 18: Rundum-Blick auf die Berge

Whistler ist als Austragungsort olympischer Wettkämpfe weltbekannt. Wanderungen, Mountainbike-Trails und die Peak 2 Peak Gondola sorgen auch im Sommer für viel Abwechslung (mehr siehe Route 1).

Tag 19: Panoramastraße

Der Sea-to-Sky Highway zurück nach Vancouver besticht auf seinen rund 120 Kilometern durch viele Aussichtspunkte, Fotostopps und Wanderungen. Die auf rund 1000 Metern gelegene Aussichtsplattform der Sea to Sky Gondola zählt zu den populärsten Attraktionen. Abends ist schließlich wieder Vancouver erreicht.

Zwischen Whistler und Vancouver

Tag 20: Zurück in Vancouver

Der Burnaby Cariboo RV Park Vancouver liegt so verkehrsgünstig, dass man von hier auch die „Perle am Pazifik" erkunden kann, wenn das Wohnmobil noch nicht zurückgegeben werden muss.

Empfehlungen zur Verlängerung:

Vancouver ist auch Gateway zur Sunshine Coast (siehe Tour 3) und in die Nationalparks in den Rocky Mountains (siehe Tour 1). Daher genießen Reisende fast schon die sprichwörtliche Qual der Wahl, wenn sie den Roadtrip verlängern wollen. Wer etwa acht Wochen Zeit hat, kann alle drei Routen auf einer Reise erleben.

INFO

Gesamtlänge: rund 3000 Kilometer (20 Tage; 54 Stunden reine Fahrzeit)

Beste Jahreszeit: Mai bis Oktober

An-/Abreise: Vancouver ist täglich ab Deutschland per Nonstopflug erreichbar – Air Canada, Condor und Lufthansa fliegen je nach Saison teils täglich ab Frankfurt/Main und München.

Tag	Distanz (Kilometer)	Tagesziel	Campingplatz
1+2	115	Victoria	Salish Seaside RV Resort and Marina: direkt am Wasser und nahe zur Innenstadt; 445 Head Street, Victoria, BC V9A 5S1, *salishseasidervhaven.com*
3	148	Parksville	Englishman River Falls Park: im Hinterland; Englishman River Falls Park, *bcparks.ca/englishman-river-falls-park/#park-camping-details-container* Pacific Palms RV Resort: relativ neu, direkt am Wasser; 161 Island Hwy W, Parksville, BC V9P 2G6, *pacificpalmsrvresort.com*
4+5	172	Tofino	Green Point Campground: malerisch im Nationalpark gelegen und sehr beliebt, Stellplätze mit hohen Nummern (60 bis 80) bieten Meerblick, die Stellplätze rund um Nummer 40 liegen nah am Highway, viel Schatten und zuweilen Bären auf dem Areal, 20 Fahrminuten nach Tofino; Pacific Rim NP, *parks.canada.ca/pn-np/bc/pacificrim*
6	318	Strathcona Provincial Park	Buttle Lake Campground: am See, mit Bootsverleih; Strathcona PP, *bcparks.ca/strathcona-park*
7+8	249	Telegraph Cove	Forest RV Campground: ein Kilometer vom Ort entfernt, Teil des Telegraph Cove Resort; 1615 Telegraph Cove Road, Telegraph Cove, BC V0N 3J0, *telegraphcoveresort.com/campground*
9	64	Port Hardy	Quatse River Campground: am Fluss, fünf Minuten nach Port Hardy; 8400 Byng Road, Port Hardy, BC V0N 2P0, *rdmw.bc.ca/recreation-leisure/camping-information/quatse-regional-campground*
10	523	Prince Rupert	Prince Rupert RV Campground: nahe zum Fährterminal; 1750 Park Avenue, Prince Rupert, BC V8J 3R5, *princerupertrv.com*
11	144	Terrace	Furlong Bay Campground: am See; Lakelse Lake PP, *bcparks.ca/lakelse-lake-park*

Tag	Distanz (Kilometer)	Tagesziel	Campingplatz
12	205	Smithers	Riverside Municipal Campground: städtische Anlage am Bulkley River, nahe zur Innenstadt; 3843 19th Avenue, Smithers, BC V0J 2N0, *smithers.ca/campground*
13	214	Fraser Lake	Beaumont Park: am Fraser Lake; *bcparks.ca/beaumont-park*
14	366	McBride	Beaverview RV Park & Campground: am Ortsausgang von McBride; 2435 BC-16, McBride, BC V0J 2E0, *beaverviewpark.com*
15+16	279	Wells Grey Provincial Park	Clearwater Lake Campground: am vergleichsweise warmen Mahood Lake; Wells Grey PP, *bcparks.ca/wells-gray-park*
17	297	Lillooet	Historic Hat Creek Ranch: Übernachten auf einem historischen Anwesen; Highway BC 99 & BC-97, Cache Creek, BC V0K 1H0, *hatcreek.ca/stay*
18	131	Whistler	Whistler Olympic Park RV & Campground: 2024 neu eröffnet, im Olympia Park mit Blick auf Skisprunganlagen; 1500 Callaghan Road, Whistler, BC V0N 1B0, *whistlersportlegacies.com/whistler-olympic-park/whistler-olympic-park-rv-campground* Whistler RV Park and Campgrounds: 20 Autominuten südlich von Whistler; 55 BC-99, Whistler, BC V8E 0C5, *whistlerrvpark.com* Riverside Parkbridge Camping & RV Resort: sechs Minuten nördlich; 8018 Mons Road, Whistler, BC V8E 1K6, *parkbridge.com/en/resort/resort-detail/riverside*
19	130	Vancouver	Burnaby Cariboo RV Park Vancouver: gute Verkehrsanbindung fürs Sightseeing, mit Hallenbad; 8765 Cariboo Place, Burnaby, BC V3N 4T2, *bcrv.com*
20	15	Vancouver	Rückgabe des Wohnmobils

Klemtu
Ocean Falls
Shearwater
Namu
Rivers Inlet
Wadhams
Bella Coola
Anahim Lake
Macalister
Williams Lake
Kleena Kleene
Hanceville
Tatlayoko Lake
Xeni
KANADA
Sullivan Bay
Gold Bridge
Port Hardy
Knight Inlet
Port McNeill
Cracroft
Telegraph Cove
Church House
Woss
Whistler
Kyuquot
Elk Falls
Okeover Arm Park
Tahsis
Strathcona PP
Campbell River
Saltery Bay
Gold River
Courtenay
Porpoise Bay
Qualicum Beach
Vancouver
Parksville
Abbotsford
Esowista
Nanaimo
Ucluelet
Cedar Beach
Pacific Rim NP
North Cowichan
Salish Sea
Port Renfrew
Neah Bay
Victoria
Everett
Forks
USA
Seattle
Qui-nai-elt Village
Olympia
Ocean Shores
Aberdeen
Raymond
Centralia
0
100 km

Roadtrip 3: Traumstrände und Tierbeobachtungen am Pazifik

Ab/bis Vancouver entlang der Sunshine Coast nach Vancouver Island

Wer abseits der üblichen Route den Westen Kanadas erleben möchte, steuert die Sunshine Coast an. Die sonnenreiche Region nördlich von Vancouver ist bei internationalen Besuchern noch nicht so bekannt wie andere Ziele in British Columbia. Schöne Naturparks und Strände am Wasser sind das Markenzeichen der Sunshine Coast, die zudem mit kurzen Distanzen und schönen Fährpassagen punktet. Und im Anschluss erwartet das herrliche Vancouver Island die Reisenden – ebenfalls mit Wildlife-Momenten, Stränden und viel Natur.

Abendstimmung an der Sunshine Coast

Tage 1 und 2: Auftakt in der Natur

Nach dem Sightseeing in der Metropole Vancouver locken Abenteuer und Freiheit in den Weiten Kanadas. Gerade wer sein Wohnmobil schon früh übernimmt, schafft es noch bis in den Porpoise Bay Provincial Park. Ansonsten bietet sich noch eine Übernachtung in Vancouver selbst an, beispielsweise auf dem Burnaby Cariboo RV Campingplatz.

Ist das Stadtgebiet verlassen, ist recht bald das Terminal in der Horseshoe Bay (auch als West Vancouver bekannt) erreicht. Mit der Fähre übersetzen, dann ist es nicht mehr weit bis in den Porpoise Bay Provincial Park am Sechelt Inlet. Ein schöner Platz, um erstmals Kanadas Flora und Fauna zu genießen – und auch dank der Strände gerade bei Familien beliebt. Seehunde und Weißkopfseeadler sowie zahlreiche andere Vogelarten können das ganze Jahr über beobachtet werden. Kanus lassen sich außerhalb des Parks ausleihen.

Fähr-Terminal Horseshoe Bay

Tag 3: Fjorde und Badebuchten

Der Roadtrip führt weiter entlang der malerischen und milden Sunshine Coast, einem echten Idyll in British Columbia und international nicht so bekannt wie das gegenüberliegende Vancouver Island.

Nach gut einer Stunde Fahrzeit ist die nächste Fähre erreicht, zwischendurch können gelegentlich Orcas beobachtet werden. Während der Überfahrt im Jervis Inlet bestaunen Reisende eine beeindruckende Fjordlandschaft.

Blick auf die eindrucksvolle Küstenlandschaft

Der Saltery Bay Provincial Park zählt zu den favorisierten Schutzgebieten an der Küste. Auch hier freuen sich Reisende über schöne Strände und Wassersport sowie Schnorchel- und Tauchausflüge. Zudem stehen die Chancen hoch, Robben, Otter, Seevögel und Weißkopfseeadler zu sehen.

Tag 4: Okeover Arm Provincial Park

Heute ist das Ziel erneut nahe, gerade einmal eine Stunde entfernt. Der kanadische Outdoor- und Wildlife-Traum geht weiter. Der Okeover Arm Provincial Park (an der Ostseite der Malaspina Peninsula) ist ebenfalls für Wassersport, Wanderungen und Schwimmen bekannt. Wer nicht kochen oder grillen mag: Das Laughing Oyster Restaurant ist für seine hervorragenden Fisch- und Seafood-Gerichte bekannt – Panoramablick auf das Wasser inklusive.

Ruhiger Stellplatz im Okeover Arm Provincial Park

Tag 5: Weiter zu Wasserfällen auf Vancouver Island

Wieder einmal geht es auf die Fähre, die Reisende nun hinüber nach Vancouver Island bringt. Hauptattraktion des Elk Falls Provincial Park sind die gleichnamigen Wasserfälle, an denen das Wasser des Campbell River 25 Meter in die Tiefe fällt. Mehrere Wanderwege erschließen das Schutzgebiet unweit des Örtchens Campbell River. Zweite Attraktion sind die Lachse, die hier gut beobachtet (und geangelt) werden können.

Elk Falls Provincial Park

Extra-Tour:

Wer mehr Zeit hat, steuert Campbell River an, bekannt als „Hauptstadt der Lachse“ oder entdeckt die Kultur der First Nations auf Quadra Island (siehe auch Tour 2).

Tage 6 und 7: Grizzlys beobachten

Von Telegraph Cove empfiehlt sich ein ganztägiger Ausflug zur Grizzly-Beobachtung im Great Bear Forest (siehe auch Tour 2).

Tage 8 und 9: Erholung

Der Strathcona Provincial Park begeistert mit seinen Wanderwegen sowie Paddeltouren (siehe auch Tour 2).

Buttle Lake Campground im Strathcona Provincial Park

Tag 10: Feiner Sandstrand

Qualicum begeistert mit seinem feinen weißen Sandstrand. Zudem ist der Ort für Kunsthandwerk bekannt. Ideal für einen erholsamen Tag!

Tage 11 bis 13: Zum Pazifik

Ucluelet an der Westküste ist neben Tofino gleich der zweite pittoreske Fischerort an der hiesigen Pazifikküste und liegt am südlichen Ende des Long Beach, dem beliebtesten Abschnitt des Paci-

Leuchtturm in Ucluelet

fic Rim National Park. Die First Nations nannten den Ort angesichts der geschützten Lage übersetzt „Sicherer Hafen" – davon leitete sich schließlich die heutige Schreibweise ab. Wahrzeichen und Erinnerung an die Vergangenheit ist der Leuchtturm. Urlauber können unter einer Vielzahl von Touren zur Wal- und Schwarzbärenbeobachtung wählen. Auch Wassersport und Angeltrips werden angeboten. Zudem ist Ucluelet der beste Ausgangspunkt für Bootstouren zu den Inseln der Broken Group Islands. Auf dem Rückweg an die Ostküste unbedingt die mächtigen Bäume – mit bis zu zehn Meter Umfang und 75 Meter Höhe – im MacMillan Provincial Park sowie die Wasserfälle im Little Qualicum Falls Provincial Park bestaunen.

Spaziergang im Little Qualicum Falls Provincial Park

Tag 14: Parksville

Das kleine Parksville bietet sich dank seiner schönen Strände gut als Zwischenstopp an. Sonst wird die Fahrt zum nächsten Ziel recht lang.

Tag 15: Salt Spring Island

Mit der Fähre ist die größte Insel der Southern Gulfs Islands schnell erreicht. Neben geführten Wassersportaktivitäten und Ausflügen in die Natur ist Salt Spring Island für seine zahlreichen Antiquitäten- und Kunsthandwerkgeschäfte bekannt. Sehenswert ist zudem der japanische Heiwa Garden im Peace Park, betrieben von der Japanese Garden Society.

Tage 16 und 17: Sightseeing in der Hauptstadt

Das schmucke und lebendige Victoria ist die Hauptstadt der Provinz British Columbia – ganz im Kontrast zur Natur der vergangenen Tage. Ideal für eine abwechslungsreiche Städtetour (siehe auch Tour 2).

Zurück aus der Natur: Sightseeing in Victoria

Tag 18: Zurück aufs Festland

Nach einem letzten Spaziergang über Vancouver Island ist es mittags Zeit, am Victoria (Swartz Bay) Ferry Terminal auf die Fähre zum Tsawwassen Ferry Terminal auf dem Festland zurückzukehren. Für die letzte Nacht empfiehlt sich der verkehrsgünstig gelegene Burnaby Cariboo RV Park Vancouver.

Tag 19: Rückgabe

Nach pünktlicher Abgabe des Wohnmobils steht die Rück- oder Weiterreise an.

Empfehlungen zur Verlängerung:

Vancouver ist das ideale Gateway in das westliche Kanada und bietet vielfältige Möglichkeiten, diesen Roadtrip zu verlängern – entweder mit einer Tour in die Rocky Mountains (siehe Tour 1) oder auf Vancouver Island und im westlichen British Columbia (siehe Tour 2).

Tag	Distanz (Meilen)	Tagesziel	Campingplatz
1+2	105	Porpoise Bay Provincial Park	Porpoise Bay Provincial Park: direkt am Fluss; Porpoise Bay PP, *bcparks.ca/porpoise-bay-park/#park-camping-details*
3	80	Saltery Bay Provincial Park	Saltery Bay Provincial Park: mit schönen Stränden und ideal für viele Aktivitäten; Saltery Bay PP, *bcparks.ca/saltery-bay-park/#park-camping-details*
4	57	Okeover Arm Provincial Park	Okeover Arm Provincial Park: gemütliche, kleine Anlage; Okeover Arm PP, *bcparks.ca/okeover-arm-park/#park-camping-details*
5	128	Elk Falls Provinical Park	Quinsam Campground: weiträumige Anlage; Elk Falls PP, *bcparks.ca/elk-falls-park/#park-camping-details*
6+7	199	Telegraph Cove	Forest RV Campground: ein Kilometer vom Ort entfernt, Teil des Telegraph Cove Resort; 1615 Telegraph Cove Road, Telegraph Cove, BC V0N 3J0, *telegraphcoveresort.com/campground*
8+9	249	Strathcona Provincial Park	Buttle Lake Campground: am See, mit Bootsverleih; Strathcona PP, *bcparks.ca/strathcona-park*
10	160	Qualicum Beach	Cedar Grove RV Park & Campground: am Little Qualicum River, zehn Gehminuten zum Wasser und Restaurants; 246 Riverbend Road, Qualicum Beach, BC V9K 2N2, *cedargrovervpark.ca*
11-13	139	Ucluelet	Green Point Campground: malerisch im Nationalpark gelegen und sehr beliebt, Stellplätze mit hohen Nummern (60 bis 80) bieten Meerblick, die Stellplätze rund um Nummer 40 liegen nah am Highway, viel Schatten und zuweilen Bären auf dem Areal, 17 Fahrminuten nach Ucluelet; Pacific Rim NP, *parks.canada.ca/pn-np/bc/pacificrim*

Tag	Distanz (Meilen)	Tagesziel	Campingplatz
14	145	Parksville	Englishman River Falls Park: im Hinterland; Englishman River Falls PP, *bcparks.ca/englishman-river-falls-park/#park-camping-details-container* Pacific Palms RV Resort: relativ neu, direkt am Wasser; 161 Island Hwy W, Parksville, BC V9P 2G6, *pacificpalmsrvresort.com*
15	94	Salt Spring Island	Cedar Beach Resort & Campground: kleine Anlage am St. Mary Lake, ganzjährig geöffnet; 1136 N End Road, Salt Spring Island, BC V8K 1M1, *saltspring-accommodations.com*
16+17	61	Victoria	Salish Seaside RV Resort and Marina: direkt am Wasser und nahe zur Innenstadt; 445 Head Street, Victoria, BC V9A 5S1, *salishseasidervhaven.com*
18	119	Vancouver	Burnaby Cariboo RV Park Vancouver: gute Verkehrsanbindung fürs Sightseeing, mit Hallenbad; 8765 Cariboo Place, Burnaby, BC V3N 4T2, *bcrv.com*
19	15	Vancouver	Rückgabe des Wohnmobils

INFO

Gesamtlänge: rund 1500 Kilometer (19 Tage; 29 Stunden reine Fahrzeit inkl. Fähren)

Beste Jahreszeit: Mai bis Oktober

An-/Abreise: Vancouver ist von Deutschland aus per Nonstopflug erreichbar – mit Air Canada, Condor und Lufthansa teils täglich ab Frankfurt/Main und München.

Tipps:

- Die Straßen sind eher schmal und kurvig, gerade auf Vancouver Island kommt man teils nur langsam voran.
- Die Fähren können auch reserviert werden.

KANADA
Yellowknife
Edmonton
Revelstoke
Lillooet
Banff
Regina
Riding Mountain NP
Whiteshell PP
Whistler
Vancouver
Victoria
Cypress Hills PP
Winnipeg
Thunder Bay
Sault Ste. Marie
PN de la
Jacques-Cartier
Rivière-du-Loup
OTTAWA
Hopewell Rocks
Halifax
Montréal
Peggys Cove
Toronto
WASHINGTON
USA
MEXIKO
KUBA

ROADTRIP 4: FASZINATION TRANS-CANADA HIGHWAY

Von Vancouver am Pazifik über den Highway 1 nach Halifax am Atlantik

Der Weg ist das Ziel! Einmal quer durch das zweitgrößte Land der Erde führt der Trans-Canada Highway, auch als Highway 1 bekannt. 7821 Kilometer schlängelt er sich durch neun Provinzen – von Victoria auf Vancouver Island nach St. John's in Newfoundland. In vier Wochen lässt sich das Stück zwischen Vancouver und Halifax gut erkunden. Von Bären bis Walen, von schneebedeckten Gipfeln bis zu malerischen Stränden, von den First Nations bis zu frankophonem Flair: Dieser Roadtrip der Superlative bietet alles, was Reisende an Kanada fasziniert.

Tag 1: Panoramastraße

Natürlich ist Victoria der tatsächliche Ausgangspunkt für die sechstlängste Fernstraße der Erde. Doch einfacher ist es, direkt von der Station des Wohnmobilverleihers gen Osten zu starten.

Erste Meter auf dem Trans-Canada Highway

Rund um Lillooet

Noch am ersten Tag des fast vierwöchigen Roadtrips erwartet Reisende eine traumhafte Strecke entlang von Buchten und Bergen: der Sea-to-Sky Highway zum olympischen Wintersportort Whistler (mehr siehe Route 1).

Tag 2: Goldrausch

Für eine Reise in die Vergangenheit steht das kleine Lillooet. Das Lillooet Historic Museum und die Historic Hat Creek Ranch vermitteln einen Eindruck von der Zeit des Goldrauschs.

Tag 3: Revelstoke

Der Mount Revelstoke National Park zählt gerade bei internationalen Besuchern noch zu der Kategorie Geheimtipp. Highlights sind die weiten Felder mit Wildblumen und der Giant Cedars Trail.

Kurze Pause inmitten der Gipfel der Rocky Mountains

Tage 4 und 5: Banff National Park

Nun ist das Herz der kanadischen Rocky Mountains erreicht! Von Banff aus lassen sich bequem so fotogene Ziele wie Johnston Canyon, Lake Louise, Moraine Lake, Peyto Lake und mehr am legendären Icefields Parkway erreichen (mehr siehe Route 1).

Extra-Tour:

Wer mehr Zeit hat, verweilt zwei, drei Nächte länger in den Rocky Mountains und steuert auch die Nationalparks Jasper und Yoho an.

Banff

Herrlicher Blick über den Moraine Lake

Tag 6: Cypress Hills

Vorbei am Olympia-Ort Calgary ist die Fort Walsh National Historic Site das nächste Ziel. Hier erfahren Reisende viel über die Zeit der Besiedlung und die Schlacht zwischen der berittenen Polizei, den sogenannten Mounties, und der indigenen Bevölkerung im 19. Jahrhundert. Ein eindrucksvolles Zeugnis kanadischer Geschichte. Der angrenzende Cypress Hills Interprovincial Park zeichnet sich durch weitgehend unberührte Natur und wenige Besucher aus – ein Paradies für Naturfreunde. Den Park, der sich durch Alberta und Saskatchewan zieht, erschließen mehrere Scenic Routes.

Extra-Tipp:
Wer an Natur und Wanderungen interessiert ist, besucht zusätzlich den Grasslands National Park. Am besten lässt sich die weite Prärielandschaft in einem der jüngsten Schutzgebiete zu Fuß erkunden. Acht Wanderungen sind explizit empfohlen. Vom 70 Mile Butte genießen Reisende aus gut 900 Meter Höhe einen schönen Blick auf die Umgebung. Zur Tierbeobachtung bieten sich ein Habitat für Präriehunde sowie ein Schutzgebiet für Bisons an.

Regina

Tage 7 und 8: Regina

Die Provinzhauptstadt von Saskatchewan ist dank der Royal Canadian Mounted Police, den „Mounties", weithin bekannt. Die Paraden an der Akademie ziehen täglich viele Besucher an. Zudem punktet Regina als Zentrum der Getreideindustrie mit einem der weltgrößten Stadtparks sowie als ein pulsierendes Kunst- und Kulturzentrum. Sehenswert ist unter anderem das Royal Saskatchewan Museum, gerade auch zur Geschichte der First Nations.

Tage 9 und 10: Weite Prärie

Mit klaren Seen, Mooren und dichten Wäldern sowie einer reichen Tierwelt glänzt der Riding Mountain National Park in Manitoba. Schwarzbären, Pumas und Elche sowie Karibus und Bisons sind hier heimisch. Der Park lässt sich gut per Auto erkunden: Drei Panoramarouten führen durch den Park. Ein intensiveres Naturerlebnis aber genießt der Besucher, der zu Fuß, auf dem Pferd

Riding Mountain National Park: ein Paradies für Naturfreunde, abseits der üblichen Routen

oder im Kanu durch das Schutzgebiet zieht. Überdies werden regelmäßig Rundfahrten auf dem Clear Lake angeboten.

Tage 11 und 12: Perle der Prärie

Winnipeg als Hauptstadt der Provinz Manitoba bietet Besuchern viel! Das Sightseeing startet am besten mit einer Bootstour an der Forks National Historic Site, vorbei am 72 Meter hohen Legislative Building mit seinem weiten Garten und dem Museum for Human Rights. Das 2014 eröffnete Nationalmuseum ist die architektonische und kulturelle Attraktion der Stadt, die kein Besucher verpassen sollte. Mit vielen interaktiven Elementen wird die Bedeutung der Menschenrechte vor allem anhand der Geschichte Kanadas und der First Nations erzählt. Auch der Holocaust und weitere Völkermorde werden thematisiert.

Im Anschluss lockt ein Bummel durch Geschäfte und Cafés im angrenzenden Forks Public Market. Das Manitoba Museum zur Geschichte der Provinz sowie die Winnipeg Art Gallery mit einer sehenswerten Sammlung von Inuit-Kunst runden das kulturelle Angebot ab. Bei einem Besuch von Winnipeg darf ein Abstecher in den Exchange District nicht fehlen. Das liebevoll restaurierte Gebäudeensemble ist einzigartig in Nordamerika. In rund

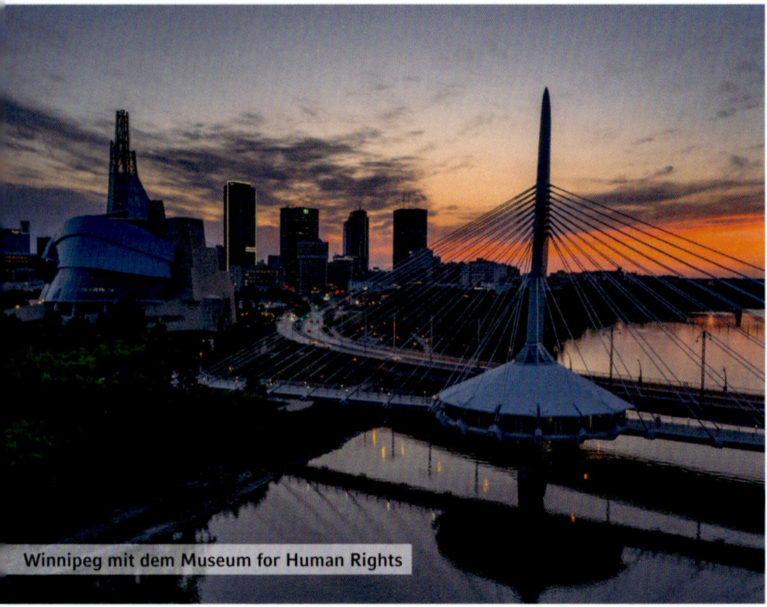

Winnipeg mit dem Museum for Human Rights

150 Geschäftshäuser, Banken und Lagerhäuser aus der Zeit rund um das Jahr 1900, der Blütezeit der Stadt, sind heute schicke Restaurants sowie trendige Modeboutiquen und Kunsthandwerkgeschäfte eingezogen.

Weiteres Highlight: der Assiniboine Park Zoo. Unter dem Motto „Journey to Churchill" finden Reisende dort alle Tiere, die typisch für den Norden Kanadas sind. Besonders beeindruckend ist das große Freigehege mit mehreren Eisbären, die „Könige der Arktis". Seerobben, Moschusochsen und arktische Füchse lassen sich ebenfalls beobachten.

Tag 13: Zurück in die Natur

Weiter östlich ist der Whiteshell Provincial Park geprägt von zahlreichen Seen und Flüssen. Der dichte Wald besteht aus Schwarz-, Weiß- und Balsamtannen, vermischt mit Pappeln aller Art. Die Strände laden zum Schwimmen ein.

Whiteshell Provincial Park: perfektes Wassersportrevier

Tage 14 und 15: Thunder Bay

Nach einem langen Fahrtag von Manitoba nach Ontario ist Thunder Bay am Lake Superior ein idealer Stopp für zwei Übernachtungen. Die Stadt bietet vielfältige Outdoor- und Kulturerlebnisse, ebenso zahlreiche Shoppingmöglichkeiten und eine pulsierende Restaurantszene. Und vor allem: Sie gilt als die sonnigste Stadt im Osten Kanadas.

Im Fort William Historical Park erleben Reisende das Leben, wie es sich einst im Jahr 1816 in der Zeit der Pelzhändler und der Konflikte

Thunder Bay ...

... am Lake Superior

zwischen Siedlern und den First Nations gestaltet hat. Das Fort ist eine originalgetreue Nachbildung des beeindruckenden Hauptquartiers der North West Company. Mehr als 40 Gebäude, darunter der Handwerkerbereich und die Arbeitsfarm, können besichtigt werden. Auch Aktivitäten wie Paddeltouren sind möglich.

Tage 16 und 17: Sault Ste. Marie

Entlang der Great Lakes führt der Roadtrip in die drittgrößte Stadt im Norden Ontarios am Nordufer des St. Marys River, wo der Lake Superior auf den Lake Huron trifft. Sault Ste. Marie ist bekannt für historische Stätten, Mikrobrauereien und als Gateway in nahegelegene Schutzgebiete wie den Pancake Bay Provincial Park.

Tag 18: Ab ins Kanu

Der Samuel de Champlain Provincial Park liegt an der historischen Pelzhandelsroute des Mattawa River im malerischen Mattawa Valley. Das Mattawa River Visitor Centre informiert über die lange Historie. Besonders während der Fall Foliage mit leuchtenden Herbstfarben empfiehlt sich ein Besuch, gerade dank der Wanderwege mit schöner Aussicht. Der Park ist überdies prädestiniert für eine Paddeltour.

Tage 19 und 20: Großstadtflair

Montréal ist die zweitgrößte Stadt Kanadas und zugleich die zweitgrößte frankophone Metropole der Welt nach Paris. Malerisch am Ufer des Sankt-Lorenz-Stroms gelegen, ist die Stadt ein bunter Mix aus französischer Altstadt und prächtigen Kirchen sowie modernen nordamerikanischen Wolkenkratzern und Einkaufszentren. Der Mont-Royal gilt mit seinem großen Park als grüne Lunge und besticht mit einem Panoramablick über die Stadt. Mit ihrem beeindruckenden, vergoldeten Altar ist die römisch-katholische Basilique Notre-Dame die wohl beliebteste Attraktion der Stadt und zählt zu den schönsten Kirchen in ganz Nordamerika.

Basilique Notre-Dame in Montréal

Das Quartier Latin/Quartier des Spectacles wiederum steht für die berühmte Lebensqualität und Lebensfreude der Metropole, gepaart mit einer beeindruckenden Foodszene. Einzigartig ist die Ville Souterraine (Underground City): Um den harten Wintern zu entgehen, wurden unterirdische Promenaden mit Lokalen und Geschäften angelegt. Auf einer Länge von 30 Kilometern verbinden sie Bahnhöfe, Hotels und Einkaufszentren. Die hiesige Kulturszene gilt als Avantgarde, Museen bieten nicht nur an Schlechtwettertagen viel Abwechslung. Weltweit bekannt wurde die Stadt als Austragungsort der Weltausstellung 1967 sowie der Olympischen Spiele 1976.

Tage 21 und 22: Kultur und Natur

Auf der Weiterfahrt unbedingt in Wendake die Traditional Huron Site der Huron-Wendat Community besichtigen: Der sehenswerte Nachbau eines typischen Dorfs der indigenen Bevölkerung erzählt anschaulich die Geschichte der Huronen, beispielsweise mit Führungen in ein Longhouse (traditionelle Behausung der Huronen), Schnupperkursen in Handarbeiten oder begleiteten Kanutouren.

Parc national de la Jacques-Cartier: beliebt für Wanderungen und Wassersport

Zu den landschaftlich schönsten Regionen von Québec zählt der Parc national de la Jacques-Cartier. Wanderungen und Kanutouren führen durch das einzigartige Gletschertal.

Walbeobachtung im Sankt-Lorenz-Strom

Tag 23: Walbeobachtung

Rivière-du-Loup liegt zwischen Québec (City), den Atlantikprovinzen und der Gaspésie-Halbinsel direkt am Trans-Canada Highway. Die Stadt mit sehenswerten Gebäuden im viktorianischen Stil thront hoch über dem Sankt-Lorenz-Strom. Dank der Lage ist Rivière-du-Loup prädestiniert für Bootsfahrten zu Walen, Robben und anderen Meeressäugern.

Tag 24: New Brunswick

Die nächste Provinz ist erreicht! Der Kouchibouguac National Park am Acadian Coastal Drive begeistert mit schönen Stränden und erstaunlich warmem Meerwasser. Die scheinbar endlosen Sanddünen motivieren zu einer Wanderung. Nachts unbedingt den Sternenhimmel im ausgewiesenen Dark Sky Preserve bewundern!

Tag 25: Bizarre Gesteinslandschaft

Die Bay of Fundy ist für ihren mächtigen Unterschied zwischen Ebbe und Flut bekannt. Im Hopewell Rocks Provincial Park genießen Reisende den besten Blick auf den einzigartigen Küstenstreifen (mehr siehe Route 6).

Ikonische Küste: Hopewell Rocks Provincial Park

Tag 26: Berühmter Leuchtturm in Peggy's Cove

Als letzter Stopp empfiehlt sich eine Übernachtung direkt am Atlantik. Das fotogene Peggy's Point Lighthouse liegt nur wenige Minuten vom Campingplatz entfernt (mehr siehe Route 6).

Populäres Fotomotiv: Peggy's Point Lighthouse

Tag 27: Rückgabe in Halifax

Die Hauptstadt von Nova Scotia ist zwar nicht das offizielle Ende des Trans-Canada Highway. Dafür müssten Urlauber noch etliche Kilometer weiter bis nach Saint John's in Newfoundland fahren. Gleichwohl ist Halifax ein gutes Endziel. Nach Rückgabe des RV lässt es sich hier noch gut ein, zwei Nächte im Hotel verweilen. Zudem gibt es von hier Nonstopflüge zurück nach Deutschland (mehr siehe Route 6).

Halifax: charmante Hauptstadt von Nova Scotia

Empfehlungen zur Verlängerung:
Dieser Roadtrip der Superlative lässt sich gut erweitern – beispielsweise um einige Tage auf Vancouver Island oder mehr Stopps in Alberta, Manitoba, Ontario und Québec.

> **INFO**
>
> **Gesamtlänge:** etwa 6500 Kilometer (27 Tage, 70 Stunden reine Fahrzeit)
>
> **Beste Jahreszeit:** Mai bis September
>
> **An-/Abreise:** Vancouver wird nonstop von Frankfurt/Main und München angeflogen. Nonstopflüge von Halifax nach Frankfurt/Main bietet saisonal Discover Airlines, alternativ als Umsteigeverbindung mit Air Canada oder Condor.

Tag	Distanz (Kilometer)	Tagesziel	Campingplatz
1	121	Whistler	Whistler Olympic Park RV & Campground: 2024 neu eröffnet, im Olympia Park mit Blick auf Skisprunganlagen; 1500 Callaghan Road, Whistler, BC V0N 1B0, *whistlersportlegacies.com/whistler-olympic-park/whistler-olympic-park-rv-campground* Whistler RV Park and Campgrounds: 20 Autominuten südlich von Whistler; 55 BC-99, Whistler, BC V8E 0C5, *whistlerrvpark.com* Riverside Parkbridge Camping & RV Resort: sechs Minuten nördlich; 8018 Mons Road, Whistler, BC V8E 1K6, *parkbridge.com/en/resort/resort-detail/riverside*
2	131	Lillooet	Historic Hat Creek Ranch: Übernachten auf einem historischen Anwesen; Highway BC 99 & BC-97, Cache Creek, BC V0K 1H0, *hatcreek.ca/stay*

Tag	Distanz (Kilometer)	Tagesziel	Campingplatz
3	383	Mount Revelstoke National Park	Snowforest Campground: im Wald, fünf Kilometer von Revelstoke entfernt, teils mit Stromanschluss; Mount Revelstoke NP, *parks.canada.ca/pn-np/bc/revelstoke/activ/passez-stay/camping* Williamson Lake Campground: Stellplatz 29 mit freiem Blick auf den idyllischen Williamson Lake und die umliegenden Berge, mit Bootsverleih, ab 35 CAD; 1817 Williamsons Lake Road, Revelstoke, BC V0E 2S1, *williamsonlakecampground.ca*
4+5	283	Banff	Tunnel Mountain Village Campground: große, mehrfach geteilte Anlage, wenige Kilometer außerhalb des Stadtzentrums, mit Busverbindung; Banff NP; *parks.canada.ca/pn-np/ab/banff/activ/camping* Lake Louise Hard-sided Campground: nahe zum Lake Louise, Bus-Shuttle zu Lake Louise und Moraine Lake, Reservierung dringend empfohlen; Banff NP; *parks.canada.ca/pn-np/ab/banff/activ/camping* Icefields Centre RV: großer geteerter Parkplatz direkt am Icefield Glacier Discovery Centre mit Blick auf den Gletscher, keine Reservierungen möglich, kein Service; Jasper NP, *parks.canada.ca/pn-np/ab/jasper/activ/passez-stay/camping*
6	478	Cypress Hills Interprovincial Park	Meadows Campground: Cypress Hills Interprovincial Park, *tourismsaskatchewan.com/provincialpark/3033/cypress-hills-interprovincial-park* Lakeview Campground: am Elkwater Lake, teils mit Strom; Cypress Hills Interprovincial Park, *albertaparks.ca/parks/south/cypress-hills-pp/information-facilities/camping/lakeview*

Tag	Distanz (Kilometer)	Tagesziel	Campingplatz
7+8	480	Regina	King's Acres Campground: 15 Fahrminuten östlich des Stadtzentrums und nah zum Highway 1; Eastgate Drive, Sherwood No. 159, SK S0G 3Z0, *campkingsacres.com*
9+10	381	Riding Mountain National Park	Wasagaming Campground: nahe zu Strand, Restaurants und Besucherzentrum, sehr große Anlage, teils mit Strom; Riding Mountain NP, *parks.canada.ca/pn-np/mb/riding/activ/camping*
11+12	261	Winnipeg	Winnipeg West KOA Journey: 30 Fahrminuten westlich der Innenstadt, zwischen Trans-Canada Highway und Assiniboine River; 588 Jones Drive South St Francois Xavier, Winnipeg, MB R4L 1A1, *koa.com/campgrounds/winnipeg-west*
13	109	Whiteshell Provincial Park	Betula Lake Campground: am gleichnamigen See, teils mit Strom; Whiteshell Provincial PP, *gov.mb.ca/sd/parks/park-maps-and-locations/eastern/whiteshell.html*
14+15	649	Thunder Bay	Thunder Bay KOA Holiday: etwa 25 Minuten zum Stadtzentrum und Fort Williams mit zwei beheizbaren Salzwasserpools, nahe zum Lake Superior; 162 Spruce River Road, Shuniah, ON P7A 0N6, *koa.com/campgrounds/thunder-bay*
16+17	700	Sault Ste. Marie	Mark's Bay Cottages & Campground: westlich der Stadt; 588 Airport Road, Sault Ste. Marie, ON P6A 5K6, *marksbay.ca* Sault Ste. Marie KOA Holiday: nördlich gelegen; 501 Fifth Line E, Sault Ste. Marie, ON P6A 6J8, *koa.com/campgrounds/sault-ste-marie*
18	484	Samuel de Champlain Provincial Park	Jingwakoki Campground: nahe zum Strand am Moose Lake, mit Waschmaschinen; Samuel de Champlain PP, *ontarioparks.com/park/samueldechamplain/camping*

Tag	Distanz (Kilometer)	Tagesziel	Campingplatz
19+20	505	Montréal	Montreal South KOA Journey: Subway Station in der Nähe; 130 Mnt Monette, Saint-Philippe, QC J0L 2K0, *koa.com/campgrounds/montreal-south*
21+22	308	Parc national de la Jacques-Cartier	De La Vallée RV Area; Jacques-Cartier Park, *sepaq.com/en/reservation/camping/parc-national-de-la-jacques-cartier/de-la-vallee-espace-vr*
23	255	Rivière-du-Loup	Camping du Quai; 70, Rue de l'Ancrage, Rivière-du-Loup, QC G5R 6B1, *campingduquai.com*
24	439	Kouchibouguac National Park	South Kouchibouguac: am Fluss, teils mit Strom; Kouchibouguac NP, *parks.canada.ca/pn-np/nb/kouchibouguac/activ/camping/south*
25	137	Hopewell Rocks	Ponderosa Pines Campground: zwischen Nationalpark (30 Minuten) und Hopewell Rocks (5 Minuten); 4325 NB-114, Lower Cape, NB E4H 3P1, *ponderosapines.ca*
26	333	Peggy's Cove	King Neptune Campground: fünf Kilometer nordwestlich von Peggy's Cove, direkt am Ufer der Yankee Cove; 8536 Peggy's Cove Road, Indian Harbour, NS B3Z 3R1, *kingneptunecampground.ca*
27	45	Halifax	Abgabe des Wohnmobils, Hotel-Tipp für Anschluss-Aufenthalt: Doubletree – The Hollis (zentrale Lage zwischen Zitadelle und Hafen, nahe zu vielen Restaurants und Bars; 1649 Hollis Street, Halifax, NS B3J 1V8, *hilton.com/en/hotels/yhzhhdt-the-hollis-halifax*)

Waskaganish
Moosonee
KANADA
Mistissini
Chibougamau
Matagami
Waswanipi
ONTARIO
QUÉBEC
Dolbeau-Mistassini
Pointe Taillon
Timmins
Senneterre
Saguenay
Val-d'Or
Gogama
PN de la Jacques-Cartier
Cobalt
La Tuque
Laurentides
Québec
Sudbury
Mont-Laurier
North Bay
Trois-Rivières
Mont-Tremblant
Manitoulin Island
Pembroke
Grundy Lake PP
OTTAWA
Montréal
Algonquin Park
Bruce Peninsula NP
Silent Lake PP
Peterborough
Kingston
Montpelier
Augusta
Toronto
Concord
Syracuse
Niagara Falls
Albany
Buffalo
Boston
Detroit
USA
Providence
Cleveland
Saint Marys
New York
Pittsburgh
Harrisburg
Philadelphia
Columbus
WASHINGTON
0
300 km

Roadtrip 5: Städte, grandiose Natur und französischer Charme

Ab/bis Toronto durch Ontario und Québec

Das östliche Kanada ist eine Region der Gegensätze. Metropolen wie Toronto und Montréal treffen auf weitgehend noch unberührte Natur, beispielsweise im Algonquin Provincial Park, am Sankt-Lorenz-Strom und an den dichten und bunt strahlenden Wäldern der Region Laurentides. Und die liebliche Ferienregion Thousand Islands mit einer weltweit einzigartigen Insellandschaft steht im schroffen Kontrast zu den Touristenströmen an den Niagara Falls. Dazwischen finden sich französischer Charme und malerische Kleinstädte. Mit ihrer großen Vielfalt und der vergleichsweise kurzen Fluganreise ab Deutschland sind Ontario und Québec für viele der Einstieg in eine lange Liebe zum Ahornland. Dieser Roadtrip verbindet die wichtigsten Sehenswürdigkeiten – Wasserfälle, Wale, Wein und wilde Landschaften.

Tage 1 und 2: Beeindruckende Wasserfälle

Toronto als größte Stadt des Landes allein ist schon eine Reise wert. Der 553 Meter hohe CN Tower, die Toronto Islands und der Distillery District sind nur einige von vielen Attraktionen. Zugleich

Mächtige Niagara Falls – sehenswerter von der kanadischen Seite

Mit dem Boot kommen Reisende den rauschenden Fällen ganz nahe.

ist die Millionenmetropole der ideale Ausgangspunkt für eine Rundreise durch Ontario und Québec.

Erstes Ziel nach der Übernahme des Wohnmobils: die viel fotografierten Niagara Falls, nur etwa 100 Kilometer entfernt. Gut 50 Meter tief fällt das Wasser in den rund 670 Meter breiten Horseshoe Falls auf der kanadischen Seite. Weit weniger mächtig sind die American Falls und die Bridal Vail Falls. Der beste Blick auf alle drei Wasserfälle eröffnet sich übrigens von der kanadischen Seite! Rund um die beeindruckenden Wasserfälle mit vielen Aussichtspunkten lässt sich viel erleben: Bootsfahrten bis nah an die Gischt, die Seilbahn Whirlpool Aero Car über einen Seitenarm des Niagara River, Ziplining, Jetboats, Panoramarestaurants sowie Casinos und abendliche Feuerwerke an manchen Abenden. Besonders spektakulär: ein Rundflug mit dem Helikopter.

Pittoresk: Niagara-on-the-Lake

Wer eine ruhige Oase sucht, macht einen Ausflug ins nahe Niagara-on-the-Lake. Mit ihren herrschaftlichen Villen und dem historischen Stadtkern samt markantem Uhrenturm ist die einstige Hauptstadt der britischen Kolonie in Kanada bis heute eine charmante Kleinstadt wie aus einem Traum. Zudem ist die Region bekannt für ihre guten Weine der umliegenden Weingüter.

Extra-Tour:
Gesegnet mit vielen Sonnenstunden liegt der Point Pelee National Park an der südlichsten Spitze des kanadischen Festlandes. Die abgeschiedene Region – auf einer Landzunge im Lake Erie – begeistert vor allem Vogelbeobachter.

Tage 3 und 4: Ab in die Natur

Am Lake Huron

So imposant die Niagara Falls auch sind: Jetzt locken Wildlife-Momente. Der Bruce Peninsula National Park – zwischen Georgian Bay und Lake Huron – ist für eigenartige Kalksteinformationen sowie zahlreiche Orchideenarten bekannt. Gerade im Frühjahr erblühen die Wildblumen. Zu den beliebtesten Wanderwegen zählt die Tour zur Felshöhle Grotto am Seeufer. Als Dark Sky Reserve bietet der Nationalpark das ideale Umfeld zum Sterne-Beobachten. Weiter geht es dann ab Tobermory für zwei Stunden mit der Fähre über den Lake Huron.

Tag 5: Manitoulin Island

An der Einfahrt in die Georgian Bay liegt mit Manitoulin Island eine echte Urlaubsidylle. Die weltweit größte Süßwasserinsel punktet mit Stränden, Seen und Wäldern. Der Cup and Saucer Trail führt zu einem Aussichtspunkt. Ebenfalls nicht verpassen: die Wanderung zu den Bridal Veil Falls. Kulturell bedeutend ist das alljährliche große Pow Wow, eines der größten in ganz Nordamerika, zu dem zahlreiche indigene Gruppen anreisen.

Unvergessliche Weiten an den Great Lakes

Extra-Tour:
Reisende mit mehr Zeit steuern zusätzlich für zwei bis drei Nächte den Lake Superior Provincial Park am gleichnamigen See an, knapp 600 Kilometer entfernt. Elche und Biber sowie Zugvögel lassen sich beobachten. Im Herbst machten die leuchtenden Ahorn- und Birkenbäume das Schutzgebiet zu einem Hotspot der sogenannten Fall Foliage. Als Biosphärenreservat von der UNESCO ausgezeichnet, zählt der Park zu den besonders schützenswerten Lebensräumen unseres Planeten.

Tag 6: Übernachten am See

Mit Stellplätzen direkt am See punktet der Grundy Lake Provincial Park, nur unweit der Georgian Bay. Wanderwege, Wassersport und schöne Strände finden sich ebenfalls im Schutzgebiet.

Tage 7 und 8: Kanada in Reinkultur

Der Algonquin Provincial Park gilt als echtes Sehnsuchtsziel. Mit viel Glück lassen sich Elche, Biber und Schwarzbären sogar schon von der Durchgangsstraße erspähen. Noch mehr Chancen auf unvergessliche Wildlife-Momente ergeben sich bei Wanderungen oder Kanutouren, ob geführt oder individuell. Vor allem Mai und Juni werden für Tierbeobachtungen empfohlen, trotz der „Hochsaison" der Moskitos. Ende September und Anfang Oktober prä-

Oase der Ruhe im Algonquin Provincial Park

sentiert sich der älteste Park Ontarios farbenfroh in der sogenannten Fall Foliage. Selbst zwei Übernachtungen sind eigentlich zu wenig für die große Vielfalt in einem der größten Schutzgebiete der Provinz.

Tag 9: Ruhige Oase

Fast noch ein Geheimtipp: der Silent Lake Provincial Park, 90 Fahrminuten südöstlich. Der Park beeindruckt nicht nur mit Wanderwegen, schönen Stellplätzen und Mountainbike-Trails, sondern auch mit seiner Ruhe. Und macht seinem Namen so alle Ehre: Auf dem See ist motorisierter Wassersport verboten!

Silent Lake Provincial Park

Extra-Tipp 1:

Für Wassersport mit Adrenalinkick empfiehlt sich eine Raftingtour auf dem Ottawa River, als geführter ein- oder zweitägiger Ausflug. Reisende planen dafür zusätzliche Übernachtungen in Foresters Falls ein.

Extra-Tipp 2:

Auch die Hauptstadt Kanadas lässt sich problemlos bei einer Wohnmobiltour besichtigen: Vom Ottawa's Poplar Grove Campground sind Urlauber mit Bus, Taxi oder Mitfahrdienst in etwa 30 Minuten in der Innenstadt. Parliament Hill, Rideau Canal und der ByWard Market sind wahrlich einen ganzen Tag wert! Aber aufgepasst: Mit dem RV dürfen Reisende laut Vermieter meist nicht nach Ottawa hineinfahren.

Tage 10 und 11: Perfekt im Herbst

Der 960 Meter hohe Mont Tremblant im gleichnamigen Schutzgebiet ist mehr als nur das Zentrum des beliebtesten Skigebiets Ostkanadas. Die Region rund um den höchsten Berg der Laurentides, die mittelgebirgsähnliche Landschaft drei Stunden nördlich von Montréal, bietet ganzjährig viel Natur. Die umliegenden Seen zählen zu den schönsten Wassersportrevieren im östlichen Kanada. Bären und Elche komplettieren das Outdoor-Erlebnis. Vor allem im Herbst lohnt ein Besuch, wenn sich die Blätter in den Wäldern des Parc national du Mont-Tremblant verfärben.

Roadtrip mit dem RV zum Mont Tremblant zu den leuchtenden Herbstfarben

Tage 12 und 13: Wildlife und Altstadt

Auf der Weiterreise gen Norden passieren Reisende den gut zugänglichen Parc national de la Mauricie, ziemlich genau in der Mitte der Metropolen Montréal und Québec (City). Das vielfältige Angebot umfasst gemütliche Strandaufenthalte, Kanutouren, Wasserfälle und Tierbeobachtungen (inklusive Elche und Schwarzbären).

Trois-Rivières

Für eine Sightseeingtour unbedingt das angrenzende Trois-Rivières besuchen! Die zweitälteste Stadt der Provinz punktet mit einer einladenden Altstadt. Hauptattraktionen sind die neugotische Cathédrale de l'Assomption, angeblich nach dem Vorbild von Westminster Abbey in London entstanden, sowie das ehemalige Kloster Monastère des Ursulines.

Tag 14: Parc national de la Pointe-Taillon

Das abgelegene Schutzgebiet wird vom Lac Saint-Jean und Péribonka River dominiert, ebenso von Moorlandschaften. Neben zahlreichen Vogelarten und Elchen sind auch Biber hier heimisch. Wander- und Radwege erschließen den Provinzpark (auch wenn der Name einen Nationalpark suggeriert).

Parc national de la Pointe-Taillon

Tage 15 und 16: Wale beobachten

Beluga-Wale und Blauwale sind die Superstars, Mink- und Finnwale die weiteren Hauptdarsteller, Robben und Seehunde dienen als Statisten: Besucher im Parc marin du Saguenay – Saint-Laurent erleben Wildlife vom Feinsten! Wale finden an der Mündung des Fjord-du-Saguenay in den Sankt-Lorenz-Strom ideale Lebensbedingungen. Das maritime Schutzgebiet zählt zu den weltweit besten Orten, um Wale zu beobachten. Als beste Zeit fürs Whalewatching gelten die Monate Mai bis Oktober. Der Fjord-du-Saguenay gilt als südlichster Fjord der nördlichen Hemisphäre und zählt mit einer Länge von mehr als 100 Kilometern zu den längsten Fjorden überhaupt. Das hübsche Tadoussac bietet sich als Basis an.

Maritimes Wildlife

Fjord-du-Saguenay

Extra-Tipp 1:

Abseits der ausgetretenen Pfade sind Reisende in der Réserve de Parc national de l'Archipel-de-Mingan unterwegs. Das Schutzgebiet ist für bizarre Steinformationen auf mehr als 1000 Inseln an der Mündung des Sankt-Lorenz-Stroms bekannt. Die sehenswerten Monolithen und Inseln lassen sich auf Schiffsfahrten, per Wassertaxi oder geführten Kajaktouren entdecken.

Extra-Tipp 2:

Die Halbinsel Gaspé im Nordwesten der Provinz Québec verzaubert mit dem mächtigen Kalksteinfelsen Rocher Percé (90 Meter hoch und 438 Meter lang) als Wahrzeichen schlechthin. Die Île Bonaventure ist ein einzigartiges Vogelschutzgebiet mit mehr als 300 Arten und hunderttausend Seevögeln, darunter die größte Kolonie Basstölpel in Nordamerika.

Extra-Tipp 3:

Die südlichste Karibu-Herde der Welt lebt im Parc national des Grands-Jardins, der seit 1988 als UNESCO-Biosphärenreservat gilt. Elche und Schwarzbären sind ebenfalls hier heimisch.

Tag 17: Parc national de la Jacques-Cartier

Nur 45 Minuten von der Altstadt von Québec (City) entfernt, schützt der Park, der als Natural Historical Monument gilt, eines der schönsten Gletschertäler von Québec. Bei Wanderungen und Kanutouren entdecken Reisende den Provinzpark, eine der Hauptattraktionen der Region.

Parc national de la Jacques-Cartier: Naturparadies vor den Toren von Québec (City)

Tage 18 und 19: Welches ist die schönste Insel?

Die lange Fahrt wird am nächsten Morgen mit einer Boots- oder Kajaktour der Extraklasse in einer einzigartigen Wasserlandschaft belohnt. Mehr als 1700 Inseln umfasst die Region der sogenann-

Entspannender Bootsausflug zu den 1700 Inseln der Thousand Islands

ten Thousand Islands, geformt in der letzten Eiszeit, inmitten des mächtigen Sankt-Lorenz-Stroms, der hier die Grenze zwischen den USA und Kanada bildet. Schiffsausflüge und geführte Kanutouren starten in Gananoque, Kingston sowie Rockport. Die Inseln sind fast ausnahmslos im Privatbesitz. Beliebtestes Ziel der Thousand Islands ist Boldt Castle (auf der US-Seite, Reisepass mitnehmen!): Das mächtige Schloss ließ der New Yorker Millionär George C. Boldt, unter anderem Inhaber des legendären New Yorker Hotels Waldorf Astoria, zu Ehren seiner Frau errichten. Fun Fact: In einem der hiesigen Restaurants wurde das gleichnamige und mittlerweile weltweit bekannte Salatdressing kreiert.

Flug mit dem Hubschrauber über die Thousand Islands

Tag 20: Ferienidylle

Als letzter Stopp vor der Rückgabe bietet sich das schmucke Peterborough an, 90 Minuten von Toronto entfernt. Bei Ausflügen bestaunen Reisende entweder das beeindruckende Schiffshebewerk (Peterborough Lift Lock), die Felszeichnungen im nahen Petroglyphs Provincial Park oder das Freilichtmuseum Lang Pioneer Village, das eine Siedlung aus dem 19. Jahrhundert darstellt.

Tag 21: Rückgabe

Nach der Abgabe des Wohnmobils ist Toronto selbst das Ziel – oder Gateway für weitere Touren oder die Heimreise.

Empfehlungen zur Verlängerung:

Reisende mit viel Zeit kombinieren Ontario und Québec mit einer Tour durch die Atlantikprovinzen (siehe Tour 6). Sechs Wochen sind hierfür einzuplanen.

Nächtliche Skyline von Toronto

INFO

Gesamtlänge: 3500 Kilometer (21 Tage, 40 Stunden reine Fahrzeit)

Beste Jahreszeit: Mai bis Oktober

An-/Abreise: Nonstopflüge von Frankfurt/Main und München nach Toronto bieten Condor, Lufthansa und Air Canada.

Tag	Distanz (Kilometer)	Tagesziel	Campingplatz
1+2	128	Niagara Falls	Niagara Falls KOA Holiday: nur fünf Kilometer bis zu den Wasserfällen, Shuttlebus vorhanden; 8625 Lundy's Lane, Niagara Falls, ON L2H 1H5, *koa.com/campgrounds/niagara-falls-ontario*
3+4	358	Bruce Peninsula National Park	Cyprus Lake Campground: ausgewählte Stellplätze direkt am See; Bruce Peninsula NP, *parks.canada.ca/pn-np/on/bruce/activ/camping*
5	78	Manitoulin Island	Black Rock Resort: komfortable Anlage nahe zum Wasser, mit Sauna sowie Motorboot- und Kajakverleih; Manitowaning, Ontario, P0P1N0, *manitoulin-blackrockresort.com/overnight-camping*
6	251	Grundy Lake Provincial Park	Grundy Lake Provincial Park: neun Anlagen, Stellplätze teils mit Strom, Waschmaschinen vorhanden; Grundy Lake PP, *ontarioparks.com/park/grundylake/camping*
7+8	226	Algonquin Provincial Park	Lake of Two Rivers: zentrale Lage und nahe zu vielen Attraktionen, Fahrradverleih vor Ort, schöner Strand, Waschmaschinen und Kanuverleih im Park; Algonquin PP, *ontarioparks.com/park/algonquin/lakeoftworivers*
9	126	Silent Lake Provincial Park	Granite Ridge Campground: Strom vorhanden, kann reserviert werden, im Winter geöffnet; Silent Lake PP, *ontarioparks.com/park/silentlake/camping*
10+11	396	Parc national du Mont-Tremblant	Lac Monroe Campground: nahe zum See, an Wochenenden mind. zwei Nächte; Parc national du Mont-Tremblant, *sepaq.com/en/reservation/camping/parc-national-du-mont-tremblant/lac-monroe*
12+13	288	Parc national de la Mauricie	Mistagance Campground: nahe zu Stränden, Wasserfällen und Wanderwegen, teils mit Stromanschluss; Parc national de la Mauricie, *parks.canada.ca/pn-np/qc/mauricie/activ/camping/camping-campground*

Tag	Distanz (Kilometer)	Tagesziel	Campingplatz
14	363	Parc national de la Pointe-Taillon	Camp-de-Touage: nahe zum Wasser; Pointe-Taillon Park, *sepaq.com/en/reservation/camping/parc-national-de-la-pointe-taillon/camp-de-touage*
15+16	221	Tadoussac	Tadoussac Campground: große Anlage, Stellplätze teils mit Panoramablick auf Fluss oder Fjord; 428, Rue du Bateau Passeur, Tadoussac, QC G0T 2A0, *vacancesessipit.com/camping/camping-tadoussac*
17	307	Parc national de la Jacques-Cartier	De La Vallée RV Area: Jacques-Cartier Park, *sepaq.com/en/reservation/camping/parc-national-de-la-jacques-cartier/de-la-vallee-espace-vr*
18+19	597	Thousand Islands/Kingston	Ivy Lea Campground: 15 Minuten von Gananoque entfernt; 649 Thousand Islands Pkwy, Lansdowne, ON K0E 1L0, *stlawrenceparks.com* 1000 Islands/Ivy Lea KOA Holiday: fußläufig zum Anleger der Ausflugsboote; 85 Edgewater Lane, Lansdowne, ON, K0E 1L0, *koa.com/campgrounds/ivy-lea* 1000 Islands/Kingston KOA Holiday: mit beheiztem Pool; 2039 Cordukes Road, Kingston, ON K7L 4V4, *koa.com/campgrounds/kingston*
20	185	Peterborough	Beavermead Campground: am Little Lake; 2011 Ashburnham Drive, Peterborough, ON K9L 1P8, *otonabeeconservation.com/camping-outdoor-recreation/beavermead-campground*
21	139	Toronto	Rückgabe; Hotel-Tipp für Anschluss-Aufenthalt: Radisson Blu Toronto Downtown (direkt an der Lake Ontario Promenade; 249 Queens Quay W, Toronto, ON M5J 2N5, *choicehotels.com/de-de/ontario/toronto/radisson-blu-hotels?brand=RB*)

Murdochville
Gaspé
Percé
Chandler
Dalhousie
New Carlisle
Bathurst
Tracadie-Sheila
Les Îles-de-la-Madeleine
Neguac
Miramichi
Havre-Aubert
Alberton
PRINCE EDWARD ISLAND
Neils Harbour
Richibucto
Cedar Dunes PP
Chéticamp Plateau
Broad Cove Campground
Cavendish
Red Point PP
Cape Breton Highlands NP
NEW BRUNSWICK
Summerside
Charlottetown
Sydney
Moncton
Sussex
Amherst
Ponderosa Pines Campground
Linwood
Mulgrave
Parrsboro
Saint John
NOVA SCOTIA
Saint Mary's
Canso
Middleton
Kentville
Stewiacke
Porter's Lake PP
Cherryfield
Halifax
Digby
Peggys Cove
Freeport
Kejimkujik NP
Lunenburg
Riversdale
Liverpool
Yarmouth
Lockeport
Clark's Harbour
0
100 km

Roadtrip 6: Wale und viel maritimer Charme

Ab/bis Halifax durch Atlantik-Kanada (Nova Scotia, New Brunswick und Prince Edward Island)

Mit Fischerorten, malerischen Buchten, Walen und leckerem Seafood präsentieren sich die drei Atlantikprovinzen Nova Scotia, New Brunwick und Prince Edward Island. Das Meer ist hier nie weit weg: sei es der Atlantik, die weite Bay of Fundy oder das Mündungsbecken des Sankt-Lorenz-Stroms. Dank der Fähren und Brücken sind die Strecken meist nicht lang. Wer jenseits der touristischen Hauptstrecken reisen möchte, fühlt sich wohl: Die Atlantikprovinzen stehen tendenziell im Schatten des an Attraktionen so reichen Landes – zu Unrecht.

Malerische Orte am Atlantik

Tage 1 bis 2: Auf zum berühmten Leuchtturm

Halifax als Hauptstadt von Nova Scotia bietet so viel, dass sich vor einer Wohnmobiltour durchaus zwei oder drei Übernachtungen im Hotel lohnen. Die historische Citadel, der sehenswerte Clock Tower sowie City Hall, Nova Scotia Museum of Natural History und Maritime Museum of the Atlantic lohnen eine Besichtigung. Geruhsamer sind ein Bummel am Wasser, eine Hafenrundfahrt in einem eigentümlichen Amphibienfahrzeug oder eine Führung durch eine lokale Brauerei.

Peggy's Point Lighthouse ist die wohl beliebteste Attraktion in der Region.

Nach der Übernahme des RV in Halifax ist das erste Sehnsuchtsziel nur eine knappe Autostunde entfernt: Peggy's Point Lighthouse. Der Leuchtturm – 1915 errichtet anstelle des Vorgängers von 1868 – zählt zu den meistfotografierten Attraktionen des Landes. Der nur 15 Meter hohe Turm liegt fotogen auf einem kleinen Vorsprung aus Granitfelsen im Atlantik. Trotz der Besuchermassen ein Ort zum Innehalten, Wellen und Möwen sorgen für perfekten Sound. Neben dem Leuchtturm ist auch der kleine Fischerort wirklich sehenswert. Zuweilen werden Bootsfahrten rund um Peggy's Cove angeboten – Chance auf Fotos von Puffins und Seals inklusive.

Farbenfroh: Lunenburg

Tage 2 und 3: Wildlife pur im Kejimkujik National Park

Am nächsten Tag erwartet Reisende der nächste schmucke Ort: Lunenburg, das als schönstes Städtchen von ganz

Kejimkujik National Park: ideal für Outdoor-Erlebnisse ...

Nova Scotia gilt. Unbedingt einen Spaziergang rund um den Hafen und das entzückende Gebäudeensemble mit den bunten Häusern stolzer Kapitäne unternehmen. Ebenfalls nicht verpassen: ein Törn mit dem berühmten Segelschiff Bluenose II.

Entlang der sogenannten Leuchtturm-Route geht es zum Campground im Kejimkujik National Park. In dem Schutzgebiet lässt sich die kanadische Natur gut erleben – vor allem vom Kanu aus. Schwarzbären, Hirsche und Schildkröten sind hier heimisch. Dank seiner abgelegenen Lage ist der Park ideal zum Sterne-Gucken und als Dark Sky Preserve ausgewiesen.

... und zum Campen

Tag 4: Digby

Malerisch an der Annapolis Bay liegt Digby, das Tor zur Bay of Fundy. Das Admiral Digby Museum lohnt einen Besuch. Wer früh genug ankommt, hat ausreichend Zeit für Ausflüge in die Natur: auf die Halbinsel Digby Neck mit seiner einzigartig felsigen Küste, zum Whalewatching ab Westport oder mit der Fähre nach Brier Island.

Tage 5 und 6: Weltrekord und bizarre Felsen in der Bay of Fundy

Mit der großen Autofähre durchqueren Urlauber die Bay of Fundy, die für ihren gewaltigen Tidenhub weltbekannt ist. Weltweit unerreicht liegt der Unterschied von Ebbe und Flut bei zehn bis 15 Metern. Ziel: Der Fundy National Park im benachbarten New Brunswick ist prädestiniert für Wanderungen, Kajaktouren und Reitausflüge.

Bay of Fundy

Imposante Felsen im Hopewell Rocks Provincial Park

Nicht weit entfernt liegt an Cape Enrage der älteste Leuchtturm von New Brunswick. Die Besucher erfreuen sich am schönen Blick auf die Bay of Fundy und das Sandsteinkliff. Einen Adrenalinkick gibt's bei einer Ziplining-Tour oder beim Abseilen an der 43 Meter hohen Küste.

Den besten Eindruck vom gewaltigen Gezeitenunterschied erleben Reisende im benachbarten Hopewell Rocks Provincial Park. Hier haben Wasser und Wind in Millionen von Jahren eine bizarre Gesteinslandschaft geschaffen: Bei Ebbe ragen die braunen Felsen bis zu 20 Meter aus dem Meeresboden hervor – bei Flut werden sie nahezu verschluckt. Ist das Wasser für etwa zwei Stunden „verschwunden", lässt es sich zwischen Steilküste, Strand und Felsen umherwandern, ehe man sich vor der beginnenden Flut auf die Aussichtsplattformen zurückzieht. Noch imposanter ist der Anblick des Küstenstreifens vom Wasser aus – bei einer geführten Kajaktour.

Tag 7: Westspitze von Prince Edward Island

Confederation Bridge

Über die beeindruckende, 14 Kilometer lange Confederation Bridge erreichen Urlauber die nächste Atlantikprovinz: Prince Edward Island. Der North Cape Coastal Drive als vielleicht schönste Küstenstraße der Region führt über 350 Kilometer an Summerside vorbei und weiter entlang der roten Sandstrände und Dünen bis zum Cedar Dunes Provincial Park und zum West Point Lighthouse, dem westlichsten Punkt der Insel.

Tage 8 und 9: Prunkstück Prince Edward Island National Park

Für perfekten Urlaubsspaß ist der Prince Edward Island National Park bekannt. Durch das milde Klima ist das Wasser wärmer als anderswo und macht Baden im Gulf of St. Lawrence möglich. Stand-up-Paddling, Drachenfliegen sowie Wanderungen am Strand und in den Dünen zählen zu den beliebtesten Aktivitäten. Wer Vögel beobachten möchte, steuert das Vogelschutzgebiet Covehead Wharf an. In Cavendish lohnt unter anderem das Wohnhaus der Schriftstellerin Lucy Maud Montgomery (1874 bis 1942), Autorin des beliebten Jugendbuches „Anne of Green Gables".

Prince Edward Island National Park mit weiten Stränden

Beeindruckende Architektur in Charlottetown

Tag 10: Viktorianischer Charme

Ein Ausflug in die Vergangenheit verspricht Charlottetown: Das Province House (Sitz der Provinzregierung) und einige Herrenhäuser erinnern in ihrer Bauweise an früheren Glanz, ebenso die neugotische St. Paul's Church. Der historische Stadtkern rund um die Great George Street wurde als National Historic Site ausgezeichnet.

Tag 11: East Point

Umgeben von roter Steilküste und grünen Wiesen ragt der 1867 errichtete Leuchtturm von East Point 20 Meter hinauf. Schöne Strände und Dünenlandschaften komplettieren den Reiz des Red Point Provincial Park. Perfekt für eine letzte Nacht auf Prince Edward Island.

Tag 12: Zurück nach Nova Scotia

Ab aufs Wasser: Mit der Fähre geht es zurück in die erste der besuchten Atlantikprovinzen. In Antigonish lohnt eine Pause. Die schottische Kultur ist teils noch zu erleben, das Heritage Museum informiert über die Geschichte und das Visitor Centre über die Gegenwart. Nachmittags ist schließlich das kleine Linwood erreicht. Idyllisch zum Übernachten angesichts der weiten Strecke bis zum nächsten Höhepunkt.

Tage 13 und 14: Panoramaroute über Cape Breton Island

Wale, Wanderwege, Seen und Sightseeing vereint der Cape Breton Highlands National Park, das wohl beliebteste Ziel der Provinz. Hier lohnen mehrere Tage, um die Insel – erinnernd an die schottischen Highlands – in vollen Zügen zu genießen. Der Cabot Trail verbindet die Highlights und gilt als eine der Traumstraßen Kanadas überhaupt. An der Westküste bietet sich Chéticamp als Basis an. Von Mai bis Oktober sollte sich niemand eine Bootstour entgehen lassen. Die Wahrscheinlichkeit ist hoch, Buckelwale zu sichten. Der Skyline Trail ist ein Aushängeschild für das Schutzgebiet wie für das ganze Land: Der bekannte Wanderweg begeistert mit seiner Aussicht auf die Küste. Manchmal sind auch Wale direkt vom Land aus zu sehen. Auf dem 6,5 bzw. 8,2 Kilometer langen Skyline Walk begegnen Wanderer oftmals Adlern, Bären und Elchen. Für eine Wanderung muss mittlerweile der Parkplatz zwingend vorgebucht werden.

Der Skyline Trail zählt zu den schönsten Wanderwegen in Kanada.

Traumstraße: der Cabot Trail

Tage 15 bis 17: Hummer und Strand

Weiter nördlich ist Cape North einen Abstecher wert: Am wellenumtosten Strand des Cabots Landing Provincial Park erreichte der Entdecker John Cabot angeblich 1497 Nordamerika. Das Tagesziel Neil's Harbour ist für seinen Leuchtturm und für viele Ausflüge bekannt. Das exzellente Restaurant Chowder House glänzt mit Lobster, Seafood und mehr.

Blick über die Küste des Cape Breton Highlands National Park

Als weiterer Hauptort im Cape Breton Highlands National Park hat sich Ingonish an der Ostküste etabliert. Wie in den übrigen Fischerorten ist gemütlicher Charme bewahrt worden. Sehenswerte Kirchen, kleine Museen und Kunsthandwerk sorgen für Abwechslung. Zudem überzeugt Ingonish mit einem der schönsten Strände: In der geschützten Bucht ist das Baden im Atlantik im August eine echte Wohltat. Aber gut zu wissen: Das Wetter kann hier schnell umschlagen: morgens Badewetter, nachmittags Starkregen.

Old Town Clock

Tag 18: Zurück gen Halifax

Als Übernachtungsstopp vor der Rückgabe des Wohnmobils bietet sich der Porters Lake Provincial Park an. Ideal für letzte Outdoor-Aktivitäten wie Wandern und Wassersport sowie gemütliches Picknicken.

Tag 19: Rückgabe

Zum Depot des Wohnmobilverleihers sind es nur noch wenige Kilometer.

Empfehlungen zur Verlängerung:
Eine Reise durch Nova Scotia, New Brunswick und Prince Edward Island lässt sich dank der regelmäßigen Fährverbindungen um einen Abstecher nach Newfoundland erweitern. Hierfür sind zusätzlich sieben bis zwölf Tage mehr einzuplanen, beispielsweise für den Gros Morne National Park, die Provinzhauptstadt St. John's, die Eisberge von Twillingate und die Witless Bay Ecological Reserve mit mehr als 500.000 Puffins (Papageientauchern). Beliebt sind auch Touren von Halifax nach Toronto oder umgekehrt (One-Way).

Tag	Distanz (Kilometer)	Tagesziel	Campingplatz
1	117	Peggy's Cove	King Neptune Campground: fünf Kilometer nordwestlich von Peggy's Cove, direkt am Ufer der Yankee Cove; 8536 Peggys Cove Road, Indian Harbour, NS B3Z 3R1, *kingneptunecampground.ca*
2+3	167	Kejimkujik National Park	Jeremy's Bay Campground: direkt am Kejimkujik Lake im Nationalpark, alle Stellplätze mit Stromanschluss, Kajak- und Fahrradverleih sowie geführte Touren elf Autominuten entfernt; Kejimkujik NP, *parks.canada.ca/pn-np/ns/kejimkujik/activ/camping/jeremys*
4	64	Digby	Digby Campground / RV Park: zentral in der Innenstadt gelegen; 230 Victoria St, Digby, Nova Scotia B0V 1A0, *digbycampground.ca*
5+6	252	Fundy National Park	Ponderosa Pines Campground: zwischen Nationalpark (30 Minuten) und Hopewell Rocks (5 Minuten); 4325 NB-114, Lower Cape, NB E4H 3P1, *ponderosapines.ca* Cannontown Campground: zentral im Park, nahe zu Meerwasserpool, manche Stellplätze mit Blick auf Bay of Fundy, teils mit Stromanschluss; Fundy NP, *parks.canada.ca/pn-np/nb/fundy/activ/camping/cannontown* Chignecto Campground: ideal für Familien, selten neblig, da etwas abseits der Bucht, viele Sites mit Stromanschluss; Fundy NP, *parks.canada.ca/pn-np/nb/fundy/activ/camping/chignecto*
7	245	Cedar Dunes Provincial Park	Cedar Dunes Provincial Park: gilt noch eher als Geheimtipp, am Strand (saisonal mit Rettungsschwimmern), fünf Fußminuten zum Leuchtturm, Stromanschluss teilweise vorhanden, mit Waschmaschinen und WLAN; *tourismpei.com/what-to-do/beaches-parks/cedar-dunes-provincial-park*

Tag	Distanz (Kilometer)	Tagesziel	Campingplatz
8+9	106	Prince Edward Island National Park	Cavendish Campground: direkt am Strand im Nationalpark, großer Spielplatz, teils mit Stromanschluss; Prince Edward Island NP, *parks.canada.ca/pn-np/pe/pei-ipe/activ/camping/cavendish* Cavendish KOA Holiday: zehn Autominuten zum Strand; 198 Forest Hills Lane, Cavendish, PE C0A 1N0, *koa.com/campgrounds/cavendish*
10	37	Charlottetown	Cornwall/Charlottetown Holiday Haven: am Wasser, großer beheizter Pool, 20 Autominuten zur Innenstadt von Charlottetown; 208 Ferry Road, Cornwall, PE C0A 1H0, *holidayhaven.ca*
11	90	Red Point Provincial Park	Red Point Provincial Park: weitläufige Anlage mit viel Grün, 200 Meter zum Strand (saisonal mit Rettungsschwimmern) und 14 Autominuten zum Leuchtturm, Stromanschluss teilweise vorhanden, mit Waschmaschinen und WLAN; *tourismpei.com/where-to-stay/red-point-provincial-park*
12	226	Linwood	Hyclass Ocean Campground: direkt am Wasser, mit Bootsverleih; 11373 NS-4, Havre Boucher, NS B0H 1P0, *hyclass-campground.com*
13+14	156	Cape Breton Highlands National Park (Westküste)	Chéticamp Campground: im Wald am Chéticamp River, direkter Zugang zu Wanderwegen, 15 Minuten zum Skyline Trail und zehn Minuten nach Chéticamp, teils mit Stromanschluss; Cape Breton Highlands NP, *pc.gc.ca/en/pn-np/ns/cbreton/activ/camping/cheticamp*

Tag	Distanz (Kilometer)	Tagesziel	Campingplatz
15-17	97	Cape Breton Highlands National Park (Ostküste)	Broad Cove Campground: große Anlage in der Mitte zwischen Neil's Harbour und Ingonish Beach, teils mit Stromanschluss; Cape Breton Highlands NP, *parks.canada.ca/pn-np/ns/cbreton/activ/camping/broadcove* Ingonish Beach Campground: vergleichsweise kleiner Platz, zehn Minuten zum Strand, teils mit Stromanschluss; Cape Breton Highlands NP, *parks.canada.ca/pn-np/ns/cbreton/activ/camping/ingonishbeach*
18	503	Porters Lake Provincial Park	Porters Lake Provincial Park: nur wenige Stellplätze mit Stromanschluss; Porters Lake PP, *parks.novascotia.ca/park/porters-lake*
19	59	Halifax	Abgabe des Wohnmobils, Hotel-Tipp für Anschluss-Aufenthalt: Doubletree – The Hollis (zentrale Lage zwischen Zitadelle und Hafen, nahe zu vielen Restaurants und Bars; 1649 Hollis Street, Halifax, NS B3J 1V8, *hilton.com/en/hotels/yhzhhdt-the-hollis-halifax*)

INFO

Gesamtlänge: 2100 Kilometer (19 Tage; 30 Stunden reine Fahrzeit)

Beste Jahreszeit: Mai bis Oktober

An-/Abreise: Discover Airlines fliegt saisonal mehrfach pro Woche nonstop von Frankfurt/Main nach Halifax. Alternativ als Umsteigeverbindung mit Air Canada oder Condor.

USA
ALASKA
KANADA
YUKON
KOYUKUK
YUKON
PORCUPINE
Tanana
Fairbanks
Nenana
Healy
Denali NP
Delta Junction
Chicken
Dawson City
Tombstone TP
Mayo
Tok
Tetlin National Wildlife Refuge
WHITE
PELLY
YUKON
JEK
DON
Talkeetna
Glennallen
Carmacks
Willow
Kluane Lake
Anchorage
Valdez
Whittier
Whitehorse
Kenai
Cordova
Haines Junction
Kenai Fjords NP
Carcross
Homer
Skagway
Juneau
Hoonah
Kodiak
GULF OF ALASKA
Sitka

Roadtrip 7: Höhepunkte des Nordens

Ab/bis Whitehorse durch das Yukon Territory und Alaska

Zwei Traumziele in zwei Ländern auf einem Roadtrip: unterwegs im Yukon Territory sowie jenseits der Grenze in Alaska. Freiheit pur. Reisende entdecken das größte Gletscherfeld der Erde jenseits der Pole, weite Landschaften mit ihren Seen,

Übernachten mit Gletscherblick

Flüssen und Gipfeln und haben imposante Wildlife-Begegnungen, beispielsweise im Denali National Park. Heute kommen Touristen auf der Suche nach unberührter Natur, einst waren es die Goldsucher im 19. Jahrhundert. Die sogenannte Acht – eine Schleife durch den Yukon und Alaska – ist eine der beliebtesten Kombinationsreisen durch Kanada und die USA. Und während Alaska gut erschlossen und mit zahlreichen organisierten Touren – vom Rundflug bis zum Motorboot – zu erkunden ist, punktet das Yukon Territory mit mehr Wilderness.

Tag 1: Miles Canyon oder Yukon River

Nach der Übernahme des Wohnmobils in Whitehorse lockt der Miles Canyon. Die Schlucht war einst mit gefährlichen Stromschnellen gespickt, sodass die großen Boote während des Gold-

SS Klondike in Whitehorse: Der historische Raddampfer ist heute ein beliebtes Museum.

rausches mit Seilen vor dem Kentern gesichert wurden. Heute sorgt ein Stausee für ruhiges Wasser. Sehenswert ist auch die Fischtreppe für Lachse. Zudem werden von Whitehorse aus Kanutouren über den Yukon River in jeglicher Länge angeboten – von drei Stunden bis zu mehreren Tagen. Den obligatorischen Großeinkauf schiebt man am besten auf den Nachmittag oder Abend, um mehr Zeit für die Natur zu haben.

Alaska Highway

Tag 2: Über dem Eis

Über den Alaska Highway führt der Roadtrip nun nach Norden. Wahrzeichen des Kluane National Park ist der Mount Logan, mit 5959 Metern der höchste Berg des Landes, umgeben vom größten Eisfeld des Planeten außerhalb der beiden Polarregionen. Einen längeren Rundflug sollte sich hier kein Camper entgehen lassen: Denn nur dann ist der Mount Logan auch zu sehen. Haines Junction ist der wichtigste Versorgungspunkt im Park und Ausgangspunkt fürs Flightseeing.

Absolut sehenswert: Rundflug über den Kluane National Park

Tag 3: Natur pur

Der Kluane National Park gilt als „Paradies für Naturfreunde". Bekannt ist der viertgrößte Nationalpark Kanadas für seine vielfältige Flora und Fauna. Bären lassen sich hier oftmals beobachten. Zu Fuß und vom Boot aus können Reisende den Park erkunden. Mit seiner einsamen Lage und vielen schönen Campingplätzen ist der Park prädestiniert für einen Wohnmobil-Trip.

Blühende Flora am Kluane Lake

Von Kanada in die USA

Tag 4: Tetlin

Heute geht es über die Grenze nach Alaska. Als Zwischenstopp auf dem Weg Richtung Küste bietet sich eine Zwischenübernachtung an – am besten im weitläufigen Tetlin National Wildlife Refuge, Heimat von mehr als 150 Vogelarten sowie Elchen, Karibus und Grizzlys.

Tag 5: Tor zum größten Nationalpark der USA

Von Glennallen aus empfiehlt sich ein Abstecher in den Wrangell-St. Elias National Park an, der größer ist als die zwei bekannten US-Nationalparks Yellowstone und Yosemite zusammen. Das Besucherzentrum liegt nur wenige Minuten außerhalb des Ortes.

Tage 6 und 7: Auf zum Gletscher

In Valdez ist schließlich der Pazifik erreicht. Quasi zum Pflichtprogramm zählt eine mehrstündige Tour zum Columbia Glacier – entweder entspannt mit dem Ausflugsboot oder sportlich aktiv mit dem Kajak. Rund um den Gletscher, einem der größten in Alaska, entstanden Fjorde und Buchten, in die sich zuweilen Adler und Wale verirren. Atemberaubende Momente sind quasi vorprogrammiert!

Abendstimmmung in Valdez

Tag 8: Whittier

Für die Weiterreise nach Whittier steuern Urlauber ihr Wohnmobil idealerweise auf eine Fähre des Alaska Marine Highway. Oder nehmen alternativ den längeren Landweg mit einem Abstecher nach Chitina samt Rundflug zum Root Glacier und dann weiter via Glennallen und Anchorage.

Tage 9 und 10: Wildlife und Fjorde

Die Kenai Peninsula punktet mit imposanten Gletschern und weiten Fjorden sowie Walen und Seelöwen. Per Auto und auf Wanderungen können Besucher die Halbinsel gut erkunden. Hotspot der Natur ist der Kenai Fjords National Park: Vom größten Eisfeld der USA wabern rund 40 Gletscher, die den Park mit Fjorden und Bergen zu einer beeindruckenden Landschaft im Süden der Halbinsel formen. Statt auf großen Ausflugsschiffen lässt sich die Natur auch vom Kajak aus erkunden. In Kenai beinhaltet das Kenai Visitor and Cultural Center eine informative Schau über die Geschichte der indigenen Bevölkerung sowie der russischen Geschichte der Region.

Ewiges Eis auf der Kenai Peninsula

Im Fischerort Seward lohnt der Besuch des Alaska SeaLife Center: Das Aquarium gibt einen guten Überblick über das maritime Ökosystem in Alaska. Überdies starten von Seward aus Ausflugsboote sowie im August auch Angeltouren, wenn sich rund um die Halbinsel tausende Lachse sammeln, um in die Binnengewässer zum Laichen zurückzukehren. **Wichtig:** In Seward den Campingplatz – ob staatlich oder privat – in jedem Fall vorab reservieren!

Unterwegs in Alaska

Extra-Tour:
Für Reisende mit mehr Zeit lohnt ein Besuch des Städtchens Homer am südwestlichen Ende der Halbinsel. Nachdem die Anfahrt am Meer immer wieder traumhafte Ausblicke auf den Pazifik eröffnet, finden Reisende in dem gemütlichen Ort Fischrestaurants und Kunsthandwerk.

Tag 11: Kurz in die Stadt

Von der Natur zurück in die Großstadt Anchorage sind es nur gut drei Stunden. Somit bleibt Zeit, die Vorräte aufzufüllen und kurz die Metropole des Nordens zu besichtigen. Zu den örtlichen Attraktionen zählen der Lake Hood mit vielen startenden Wasserflugzeugen, das Alaska Experience Theatre oder das Anchorage Museum. Wer shoppen möchte, steuert das Einkaufszentrum 5th Avenue Mall an. Anschließend sind es noch rund zwei Stunden nach Talkeetna.

Extra-Tour:
Wer mehr Zeit hat, startet von Anchorage aus zu ein- oder mehrtägigen Ausflügen zur Bärenbeobachtung in den Katmai National Park, zum Beispiel in die luxuriöse und nur per Flugzeug erreichbare Brooks Lodge. Die Stadt ist zudem Gateway für zahlreiche weitere Outdoor-Erlebnisse. Zum Übernachten empfiehlt sich der Golden Nugget RV Park (große Anlage nahe zu Walmart und Innenstadt).

Tage 12 bis 14: Legendärer Denali National Park

Bei gutem Wetter sollte sich niemand die Chance entgehen lassen, bei einem Rundflug den 6190 Meter hohen Gipfel des Mount Denali zu bestaunen, den höchsten Berg Nordamerikas. Auf Wunsch landet der Flieger auch auf einem Gletscher! Anschließend bleibt viel Zeit, den bekanntesten Nationalpark Alaskas zu erreichen.

Unvergessliche Wildnis im ...

Grizzlys und Braunbären sowie Elche, Karibus und Wölfe sind die Stars des Schutzgebiets, das jährlich eine Million Besucher anlockt. Durch die scheinbar unendliche Wildnis führt nur eine Straße. Sogenannte Transitbusse bringen Besucher zu ausgewählten Stopps, beispielsweise Wanderwegen. Als bessere Alternative, um Flora und Fauna zu erkunden, empfehlen sich die geführten, mehrstündigen Tundra Wilderness-Touren. Der Riley Creek Campground liegt verkehrsgünstig und nahe zum Visitor Center des Denali National Park. Urlauber sollten Ausflüge und Campingplatz möglichst frühzeitig buchen!

... Denali National Park

Tag 15: Fairbanks

Durch die Weiten Alaskas führt der Roadtrip zurück in die zweitgrößte Stadt des Bundesstaates. Unterwegs werden viele kleine Ortschaften passiert. Die Chena Hot Springs laden zum Entspannen ein. Als Kontrast lässt sich die Ölpipeline besichtigen, die vom Polarmeer zum Pazifik führt.

Extra-Tour:

Von Fairbanks starten fünfstündige Ausflüge mit dem Flugzeug Richtung Arktis – wahrlich ein einzigartiger Ausflug. Ziel ist das kleine Wiseman in der Brooks Range abseits der gewohnten Pfade. Dafür lohnt der zusätzliche Tag.

Tag 16: Auf legendären Straßen

Bei der Weiterfahrt lockt ein kurzer Stopp in der Kleinstadt North Pole: Als „Weihnachtsstadt" ist sie ganzjährig entsprechend dekoriert und die Heimat von Santa Claus. Hinter Tok verlassen Reisende schließlich den Alaska Highway und steuern ihr rollendes Ferienhaus über zwei ausgewiesene Panoramarouten: erst den Taylor Highway, später den Top of the World Highway. Auch wenn diese Straßen teils nicht geteert sind, dürfen sie mit Wohnmobilen im Regelfall befahren werden. Unterwegs wird die Grenze nach Kanada passiert. Campingplätze finden sich im winzigen Örtchen Chicken sowie später pittoresk in der Natur.

Tage 17 und 18: Goldsuche!

Dawson City gilt bis heute als Metropole der Goldgräber. Auch heute noch sind viele Schürfer in der Region aktiv. Wichtigstes Wahrzeichen für die alte Zeit und den Schauplatz des wohl spektakulärsten Goldrauschs Nordamerikas ist der große

Besuchermagnet: Schwimmbagger Dredge No. 4

Schwimmbagger Dredge No. 4, der seinerzeit den Klondike River durchpflügte. Bei einer Besichtigung der mächtigen historischen Anlage treffen Reisende zuweilen auf die Nachfahren früherer Goldsucher. Im Museum Claim 33 können Besucher das Goldwaschen lernen und anschließend mit einer Pfanne selbst ihr Glück versuchen.

Museum zum Mitmachen

Tag 19: Unterwegs auf dem Klondike Higwhway

Whitehorse wäre zwar mit einer sehr langen Tagesetappe zu erreichen. Doch schöner ist es, gemütlich entlang des Highways zu cruisen. Hier bietet sich ein kurzer Abstecher über das erste Stück des ungeteerten Dempster Highway bis zum Tombstone Territorial Park an. Das Schutzgebiet gilt noch immer eher als Geheimtipp im Yukon Territory. Für die Fahrt über die legendäre Schotterpiste bis hoch nach Inuvik in den Northwest Territories (und zurück) sind mindestens vier Tage einzuplanen.

Blick auf den Klondike River

Alternativ ist das kleine Carmacks an den Five Finger Rapids ein guter Zwischenstopp. Vom Highway führt ein steiler Pfad hinab zum Flussufer, um die Stromschnellen zu beobachten.

Tag 20: Whitehorse

Heute geht es zurück in die Hauptstadt des Yukon. Nachmittags bleibt ausreichend Zeit für eine Stadtbesichtigung und die Vorbereitung der Rückgabe des RV.

Tag 21: Heimflug

Nach der Abgabe des Wohnmobils geht es im Regelfall heim nach Deutschland.

Extra-Tour:

Reisende mit mehr Zeit bleiben länger und erkunden mit der Schmalspurbahn White Pass & Yukon Route Railway den White Pass Summit und das historische Skagway entlang der legendären Klondike-Goldgräberroute. Und wer sich zum Abschluss eine komfortable Auszeit in einer Lodge gönnen möchte, bucht sich in die idyllisch in der Natur gelegenen Southern Lake Lodge ein.

INFO

Gesamtlänge: etwa 4100 Kilometer (21 Tage, 50 Stunden reine Fahrzeit)

Beste Jahreszeit: Mitte Juni bis September

An-/Abreise: Whitehorse ist per Umsteigeverbindung mit Air Canada, Condor oder Lufthansa erreichbar. Alternativ wird Anchorage nonstop von Condor bedient.

Tipps:

- Wer früh in der Saison startet, genießt die Campingplätze fast für sich, hat bessere Chancen für Tierbeobachtungen und erlebt das Erblühen der Natur.
- Für die Einreise nach Alaska wird ein ESTA benötigt.
- Bei Grenzübertritten sollten Camper die Vorschriften für Lebensmittel und Feuerholz beachten.
- Ausgewählte staatliche Campgrounds im Yukon lassen sich mittlerweile (seit März 2024) reservieren, beispielsweise im Mountain Territorial Park sowie der Wolf Creek Campground. Feuerholz ist im Preis inklusive.
- Anchorage bietet sich ebenfalls als Startpunkt an.

Tag	Distanz (Kilometer)	Tagesziel	Campingplatz
1	0	Whitehorse	Wolf Creek Campground: 15 Minuten von Whitehorse; am Alaska Highway, *yukon.ca/en/outdoor-recreation-and-wildlife/camping/site/wolf-creek* Hi Country RV Park: drei Minuten von Whitehorse entfernt; am Alaska Highway, *hicountryrv.com*
2	155	Haines Junction	Pine Lake Campground: am Pine Lake bei Haines Junction; am Alaska Highway, *yukon.ca/en/outdoor-recreation-and-wildlife/camping/site/pine-lake*
3	105	Kluane Lake	Congdon Creek Campground: direkt am Kluane Lake; am Alaska Highway im Kluane NP, *yukon.ca/en/outdoor-recreation-and-wildlife/camping/site/congdon-creek-campground* Kathleen Lake Campground: am gleichnamigen See, gilt als einer der schönsten Campingplätze in ganz Kanada; im Kluane NP, *parks.canada.ca/pn-np/yt/kluane/visit/services/kathleen*
4	230	Tetlin National Wildlife Refuge	Deadman Lake Campground: mit Aussichtsplattform; Tetlin National Wildlife Refuge, *fws.gov/refuge/tetlin/visit-us/activities/camping*
5	355	Glenallen	Northern Nights Campground: nahe zum Besucherzentrum des Wrangell-St. Elias National Park & Preserve; Mile Post 188.7, Glenn Hwy 1, Glennallen, AK 99588, *northernnightscampground.com*
6+7	192	Valdez	Valdez KOA Journey: weitläufige Anlage; 3181 Richardson Hwy, Valdez, AK 99686, *koa.com/campgrounds/valdez*
8	145 (plus Fahrt mit der Fähre)	Whittier	Williwaw Campground: mit Aussicht auf Gletscher; 4660 Portage Glacier Road, Girdwood, AK 99515, *fs.usda.gov/recarea/chugach/recreation/camping-cabins/recarea/?recid=6604&actid=29*

Tag	Distanz (Kilometer)	Tagesziel	Campingplatz
9+10	141	Kenai Fjords National Park	Stoney Creek RV Park: nah zu Seward und Blick auf Berge; 13760 Leslie Place, Seward, AK 99664, *stoneycreekrvpark.com* Bear Creek RV: außerhalb von Seward, von Wald umgeben; 33508 Lincoln Avenue, Seward, AK 99664, *bearcreekrv.com*
11	381	Talkeetna	Talkeetna Camper Park: fußläufig zur Innenstadt; 22763 S Talkeetna Spur Road, Talkeetna, AK 99676; *talkeetnacamper.com*
12-14	245	Denali National Park	Riley Creek Campground: am Parkeingang; am Denali NP, *reservedenali.com/camping/campground-information*
15	196	Fairbanks	Chena River State Recreation Area: außerhalb der Stadt; Chena River State Recreation Area, *alaskastateparks.reserveamerica.com/camping/chena-river-state-recreation-area/r/campgroundDetails.do?contractCode=AK&parkId=1180178#sr_a*
16	410	Chicken	Walker Fork Campground: mitten im Wald; einige Kilometer hinter Chicken am Taylor Highway (Meile 82), *recreation.gov/camping/poi/274259*
17+18	173	Dawson City	Yukon River Campground: am anderen Ufer des Yukon River, Innenstadt erreichbar per Fähre, am Top of the World Highway; *yukon.ca/en/outdoor-recreation-and-wildlife/camping/site/yukon-river-campground* Bonanza Gold Motel & RV Park: große Anlage zwei Kilometer außerhalb; KM 712 Klondike Hwy, Dawson City, YT, Y0B 1G0, *bonanzagold.ca* Goldrush Campground: in der Innenstadt; 1207 Fifth Avenue, Dawson City, YT Y0B 1G0, *goldrushcampground.com*

Tag	Distanz (Kilometer)	Tagesziel	Campingplatz
19	356 (bis Carmacks)	Tombstone Territorial Park oder Carmacks	Tombstone Mountain Campground: nahe zum Besucherzentrum; Tombstone Territorial Park, *yukon.ca/en/outdoor-recreation-and-wildlife/camping/site/tombstone-mountain* Hotel Carmacks RV Park: direkt am Yukon River; 35607 N Klondike Hwy, Carmacks, YT Y0B 1C0, *hotelcarmacks.ca*
20	177	Whitehorse	Wolf Creek Campground: 15 Minuten entfernt; am Alaska Highway, *yukon.ca/en/outdoor-recreation-and-wildlife/camping/site/wolf-creek* Hi Country RV Park: drei Minuten von Whitehorse entfernt; am Alaska Highway, *hicountryrv.com*
21	0	Whitehorse	Rückgabe des Wohnmobils

Whitehorse ist das ideale Tor ins Yukon Territory.

Great Bear Lake
NORTHWEST TERRITORIES
KANADA
Mackenzie
Mayo
YUKON
Yellowknife
Carmacks
Fort Simpson
Sambaa Deh Falls TP
Great Slave Lake
Whitehorse
Hay River
Lady Evelyn Falls TP
Teslin Lake
Watson Lake
Fort Liard
Fort Smith
Carcross
Toad River Post
Wood Buffalo NP
Skagway
Muncho Lake
Fort Nelson
High Level
Juneau
Rainbow Lake
Telegraph Creek
Notikewin PP
Sitka
Manning
Fort McMurray
Petersburg
USA
ALASKA
Fort St. John
Queen Elizabeth PP
Peace River
Ketchikan
Grande Prairie
Lesser Slave Lake PP
Prince Rupert
BRITISH COLUMBIA
ALBERTA
Whitecourt
Edmonton
Jasper
Elk Island NP
Bella Coola
Bella Bella
Red Deer
Williams Lake
Calgary
Port Hardy
Medicine Hat
Courtenay
Kelowna
0
500 km
Victoria
USA
Kalispell

ROADTRIP 8: HOHER NORDEN

Von Edmonton nach Whitehorse auf den Spuren der Goldsucher

Durch viel ursprüngliche Natur führt dieser Roadtrip. Ob Bisons oder Wasserfälle: Naturfreunde und Abenteurer kommen zwischen Edmonton und Whitehorse voll auf ihre Kosten. Zu den Highlights zählen die abgelegenen Nationalparks Wood Buffalo und Nahanni. Zwischendurch gibt es immer wieder etwas zur reichen Geschichte Kanadas zu entdecken – beispielsweise zu den First Nations oder den Goldsuchern.

Tage 1 und 2: Elk Island National Park

Nach Abholen des Wohnmobils und dem obligatorischen Stopp im Supermarkt liegt das erste Ziel nur gut 30 Autominuten außerhalb der Provinzhauptstadt Edmonton: der Elk Island National Park, ein echtes Juwel der Natur: Das Schutzgebiet ist für seine überaus hohe Tierdichte bekannt. Und bezogen auf Säugetiere wird der Park nur von der Serengeti in Afrika übertroffen. Für Urlauber

Bisons im Elk Island National Park

Camping-Romantik pur im Elk Island National Park

stehen die Chancen also gut, um Bisons, Wapitis, Elche, Biber und mehr zu sichten. Um das hiesige Wildlife zu schützen, ist der Nationalpark als einziger seiner Art in Kanada eingezäunt.

Tag 3: Lesser Slave Lake Provincial Park

Der Lesser Slave Lake Provincial Park überzeugt mit kilometerlangen Naturstränden wie Devonshire und Marten River, Wanderwegen und Mountainbike-Trails sowie Möglichkeiten zur Tierbeobachtung. Das Boreal Centre for Bird Conservation bietet als Besucherzentrum auch interaktive Ausstellungen. Auf einem Spaziergang zum Lily Lake geht es durch einen uralten Wald.

Tag 4: Schöne Strände

Auch der Queen Elizabeth Provincial Park am Cardinal Lake punktet mit seinem schönen Strand. Beliebt sind Wanderungen durch den schattigen borealen Wald. Die flachen Gewässer mit der üppi-

gen Vegetation sind ein idealer Lebensraum für Wasservögel – mehr als 140 Vogelarten sowie andere Wildtiere wurden im Park gezählt.

Tag 5: Wildlife und Wassersport

Der Notikewin Provincial Park am Zusammenfluss der Flüsse Peace und Notikewan ist für Tierbeobachtungen bekannt. Zudem gibt es gute Wassersportmöglichkeiten.

Tag 6: High Level

Das Mackenzie Crossroads Museum and Visitor Centre in High Level gibt einen schönen Überblick über die Entwicklung der Region seit 1900. Die Kleinstadt liegt an der Kreuzung des Mackenzie Highway und des Highway 58, etwa 730 Kilometer nördlich von Edmonton und 725 Kilometer südlich von Yellowknife.

Tage 7 und 8: Bisons beobachten

Zu den bislang eher unbekannten Schönheiten Kanadas zählt der Wood Buffalo National Park. Der größte Park Kanadas ist Heimat der wohl größten Bisonherde Nordamerikas. Ranger nehmen an, dass bis 6000 Bisons hier leben. Schwarzbären, Elche, Karibus sowie Biber sind hier heimisch, ebenso werden rund 200 Vogelarten gezählt, darunter der letzte Schwarm der gefährdeten Schreikraniche. Der Nationalpark ist von Mischwäldern bedeckt und bietet zahlreiche Höhlen sowie eine Salzwüste. Wer den Park an der Grenze der Northwest Territories zu Alberta im Winter besucht, hat gute Chancen, Polarlichter zu sehen. Bester Ausgangspunkt ist Fort Smith am Slave River.

Wood Buffalo National Park

Tag 9: Tor zum Norden

Hay River am Südufer des Great Slave Lake ist das Gateway in den Norden und mit fast 4000 Einwohnern eine der größeren Städte in den Northwest Territories. Die Weite des klaren Wassers im Great Slave Lake, dem neuntgrößten See der Welt, ist unvergesslich – zu erleben beispielsweise am Hay River Territorial Park Campground. Als Ausflugsziel bieten sich die donnernden Alexandra Falls an: Dieser 32 Meter hohe Wasserfall befindet sich im Twin Falls Gorge

Territorial Park. Ein rund zwei Kilometer langer, gut ausgebauter Weg verbindet die Alexandra Falls mit den 35 Meter hohen Louise Falls. An den Louise Falls führt eine einzigartige Wendeltreppe über 138 Stufen zu einer Aussichtsplattform. Der Park bietet hervorragende Campingmöglichkeiten.

Tag 10: Entlang der Waterfalls Route …

Die nächsten Wasserfälle sind nicht weit entfernt: Die breiten Lady Evelyn Falls stürzen sich an der Abbruchkante eines urzeitlichen Riffs, das einst im Meer lag, 15 Meter in die Tiefe. Der Campingplatz im Lady Evelyn Falls Territorial Park liegt nur wenige Schritte entfernt. Die hiesigen Wasserfälle sind Teil der 413 Kilometer langen Waterfalls Route zu vier sehenswerten Wasserfällen – drei sind hiermit besucht.

Lady Evelyn Falls Territorial Park

Tag 11: … durch den Norden

Und der vierte folgt sogleich: die Sambaa Deh Falls im gleichnamigen Territorial Park. Auch die nahen Coral Falls lohnen einen Spaziergang.

Tage 12 und 13: Ikonischer Nationalpark

Auch der Nahanni National Park ist für Wasserfälle bekannt: Die 98 Meter hohen Virginia Falls sind wohl das Wahrzeichen schlechthin. Ansonsten ist hier alles heimisch, was Reisende mit Kanada verbinden: Schwarzbären, Grizzlys und Elche sowie Karibus, Schneeziegen und Wölfe. So verlockend der Nationalpark auch klingt, so abgelegen ist das Schutzgebiet auch. Im Prinzip sind

Virginia Falls im Nahanni National Park

Wasserflugzeuge die einzige Möglichkeit, den Nahanni National Park an nur einem Tag zu besuchen. Die Touren starten beispielsweise in Fort Simpson – Zwischenstopp an den Wasserfällen inklusive. Nach einem ersten Blick aus der Vogelperspektive erkunden Besucher auf zwei kurzen Wanderwegen (30 bzw. 60 Minuten) die Virginia Falls. Der erste Aussichtspunkt bietet einen guten Überblick von oben, während der zweite Weg ins kühle und feuchte Tal führt. Neben Fort Simpson bieten sich Watson Lake (Yukon) oder Muncho Lake (British Columbia) als Gateway in den ikonischen Park an. Neben Rundflügen werden vor allem mehrtägige Kanutouren angeboten.

Tag 14: Heiße Quellen

Fort Liard, inmitten von Wäldern in den sanften Ausläufern der Mackenzie Mountains, zeichnet sich durch eine üppige Vegetation und heiße Sommer aus. Ein Ort, perfekt zum Durchatmen: Stöbern in Galerien für lokales Kunsthandwerk und Entspannen in den zweitgrößten Hot Springs des Landes!

Tag 15: Fort Nelson

Mittlerweile sind Reisende auf dem legendären Alaska Highway unterwegs, der über 2237 Kilometer von Dawson Creek in British Columbia bis nach Delta Junction in Alaska führt. Nächster Stopp: Fort Nelson. Das Heritage Museum informiert über Geschichte, Bergbau und Wildlife. Mit einem erfrischenden Bad im See lockt wiederum der Andy Bailey Regional Park.

Tage 16 und 17: Muncho Lake

Als Highlight entlang des Alaska Highway gilt der tief jadegrüne Muncho Lake im gleichnamigen Provinzpark. Spektakuläre Berge, eine reiche Tierwelt und farbenprächtige Wildblumen machen das Schutzgebiet zu einem idealen Stopp für zwei Nächte. Im südlichen Teil des Parks erheben sich die beeindruckenden Folded Mountains. Tektonische Verformungen haben den Kalkstein gekrümmt und diesen Bergen ihr einzigartiges Aussehen verliehen. Elche und Stone Sheep werden oft gesichtet. Ein ideales Ziel zum Wandern, Bootsfahrten werden angeboten. Die Northern Rockies Lodge organisiert Ausflüge.

Tag 18: Watson Lake

Nun ist das Yukon Territory erreicht. Südlich von Watson Lake lassen sich oft Bisons beobachten. Und unbedingt einen Stopp am Welcome Sign einlegen. Ebenfalls ein Foto wert: der Sign Post Forest. Hier stellte ein amerikanischer Soldat mit Heimweh im Jahr 1942 bei Bauarbeiten am Alaska Highway ein Schild auf, das in die Richtung seiner mehr als 4300 Kilometer entfernten Heimatstadt wies. Mittlerweile haben Besucher aus aller Welt ihre Schilder aufgestellt und eine einzigartige Attraktion geschaffen. Darüber hinaus lohnen Besichtigungen der lokalen Kulturzentren der First Nations sowie des Informationszentrums zu den Northern Lights.

Tag 19: Teslin

Typische Yukon-Landschaft erstreckt sich entlang des 125 Kilometer langen Teslin Lake. Wahrzeichen des kleinen Örtchens ist die Nisutlin Bay Bridge, mit 584 Metern die längste Brücke am Alaska Highway.

Tag 20: Whitehorse

Nun ist das Ziel erreicht. In der Hauptstadt des Yukon sollten Reisende keinesfalls den Miles Canyon verpassen. Wer Wassersport mag, bucht eine Kanutour auf dem Yukon River (mehr siehe Route 7).

Tag 21: Whitehorse und Rückgabe des Wohnmobils

Heute ist es an der Zeit, das Wohnmobil in ordentlichem Zustand wieder beim Verleiher abzugeben.

Empfehlungen zur Verlängerung:

Reisende mit mehr Zeit verweilen länger in Whitehorse und erkunden mit der Schmalspurbahn White Pass & Yukon Route Railway den White Pass Summit und das historische Skagway entlang der legendären Klondike-Goldgräberroute. Und wer sich zum Abschluss eine komfortable Auszeit in einer Lodge gönnen möchte, bucht sich in die idyllisch in der Natur gelegenen Southern Lake Lodge ein. Ebenfalls lohnend: einige Nächte im Kluane National Park. Falls noch mehrere Wochen Reisezeit bestehen, kombinieren Urlauber diese Tour mit anderen Roadtrips durch den Norden Nordamerikas (siehe Routen 7, 9 und 10).

Tag	Distanz (Kilometer)	Tagesziel	Campingplatz
1+2	48	Elk Island National Park	Astotin Lake Campground: am See; Elk Island NP, *parks.canada.ca/pn-np/ab/elkisland/activ/camping/astotin*
3	325	Lesser Slave Lake Provincial Park	Marten River Campground: nahe zu See und Strand, Waschmaschinen vorhanden, teils mit Stromanschluss; Lesser Slave Lake PP, *albertaparks.ca/parks/north/lesser-slave-lake-pp/information-facilities/camping/marten-river*
4	308	Queen Elizabeth Provincial Park	Queen Elizabeth Campground: am Lac Cardinal, meist mit Stromanschluss; Queen Elizabeth PP, *albertaparks.ca/parks/north/queen-elizabeth-pp*
5	154	Notikewin Provincial Park	Notikewin Campground: kleine Anlage, ohne Trinkwasser; Notikewin PP, *albertaparks.ca/parks/north/notikewin-pp*
6	189	High Level	Aspen Ridge Campground: drei Kilometer zur Innenstadt; 13000 AB-35, High Level, AB T0H 1Z0, *aspenridgecampground.ca*
7+8	636	Wood Buffalo National Park	Pine Lake Campground: zentral gelegen, am Sinkhole Lake, Reservierungen nicht möglich, 60 Kilometer südlich von Fort Smith; Wood Buffalo NP, *parks.canada.ca/pn-np/nt/woodbuffalo/activ/camp*
9	337	Hay River/ Twin Falls Gorge Territorial Park	Louise Falls Campground: nahe zu den Wasserfällen, alle mit Stromanschluss; Twin Falls Gorge TP, *nwtparks.ca/explore/waterfalls-route/louise-falls-campground-twin-falls-gorge* Hay River Campground: direkt am schönen Sandstrand des Great Slave Lake, alle mit Stromanschluss, Waschmaschinen vorhanden, zehn Kilometer außerhalb der Stadt; Hay River TP, *nwtparks.ca/explore/great-slave-route/hay-river*

Tag	Distanz (Kilometer)	Tagesziel	Campingplatz
10	129	Lady Evelyn Falls Territorial Park	Lady Evelyn Falls Territorial Park: nahe zu den Wasserfällen, alle mit Strom; Lady Evelyn Falls TP, *nwtparks.ca/explore/waterfalls-route/lady-evelyn-falls*
11	164	Sambaa Deh Falls Territorial Park	Sambaa Deh Falls Territorial Park: nahe zu den Wasserfällen; Sambaa Deh Falls TP, *nwtparks.ca/find-a-park/sambaa-deh-falls-territorial-park*
12+13	152	Fort Simpson	Fort Simpson Territorial Park: nahe zum Fluss, teils mit Strom; Fort Simpson TP, *nwtparks.ca/find-a-park/fort-simpson-territorial-park*
14	286	Fort Liard	Liard River Hot Springs Campground: nahe zu den heißen Quellen, schnell ausgebucht; Liard River Hot Springs Park, *bcparks.ca/liard-river-hot-springs-park/#park-camping*
15	209	Fort Nelson	Andy Bailey Regional Park and Campground: im Wald gelegen, 40 Kilometer südlich der Stadt; Abzweig bei Kilometer 427 am Alaska Highway, *northernrockies.ca/community-recreation/camping-parks-facilities/andy-bailey-regional-park-campground*
16+17	239	Muncho Lake Park	MacDonald Campground: nahe zum See sowie Restaurant und Tankstelle, nur wenige Stellplätze reservierbar; Muncho Lake PP, *bcparks.ca/muncho-lake-park/#park-camping*
18	274	Watson Lake	Watson Lake Campground: am südlichen Ufer; Kilometer 984 am Alaska Highway, *yukon.ca/en/outdoor-recreation-and-wildlife/camping/site/watson-lake*
19	273	Teslin Lake	Teslin Lake Government Campground: zwischen See und Highway; 60 Alaska Hwy, Yukon Y0A 1B0, *travelyukon.com/en/see-and-do/experience-providers/teslin-lake-campground*

Tag	Distanz (Kilometer)	Tagesziel	Campingplatz
20	164	Whitehorse	Wolf Creek Campground: 15 Minuten von Whitehorse entfernt; am Alaska Highway, *yukon.ca/en/outdoor-recreation-and-wildlife/camping/site/wolf-creek* Hi Country RV Park: drei Minuten von Whitehorse entfernt; am Alaska Highway, *hicountryrv.com*
21	0	Whitehorse	Rückgabe des Wohnmobils

INFO

Gesamtlänge: etwa 4000 Kilometer (21 Tage, 55 Stunden reine Fahrzeit)

Beste Jahreszeit: Juni bis September

An-/Abreise: Edmonton und Whitehorse sind per Umsteigeverbindung mit Air Canada, Condor oder Lufthansa erreichbar.

Tipp: Ausgewählte staatliche Campgrounds im Yukon lassen sich mittlerweile (seit März 2024) reservieren, beispielsweise im Tombstone Territorial Park sowie der Wolf Creek Campground. Feuerholz ist im Preis inklusive.

Deadhorse
USA
ALASKA
KANADA
YUKON
Inuvik
Aklavik
Mackenzie River
Eagle Plains
Tanana
Fairbanks
Nenana
Eagle
Tombstone TP
Delta Junction
Healy
Denali NP
Dawson
Mayo
Tok
Northway
Talkeetna
Glennallen
Tetlin National Wildlife Refuge
Carmacks
Faro
Ross River
Anchorage
Valdez
Kluane Lake
Whittier
Kenai
Cordova
Whitehorse
Carcross
Homer
Seward
Skagway
Nakina
Juneau
Hoonah
Telegraph Creek
0
300 km

Roadtrip 9: Abenteuer Dempster Highway

Ab/bis Whitehorse bis zum Arctic Ocean in den Northwest Territories

Der Name weckt Abenteuerlust bei Geländewagen-Fans: Der rund 750 Kilometer lange Dempster Highway gilt als eine der schönsten Offroad-Strecken. Vom Yukon Territory führt die Piste bis hoch an die Küste des Arctic Ocean nach Inuvik in den Northwest Territories. Reisende überqueren den Polarkreis und erleben eine der schönsten und ursprünglichen Wildnislandschaften Nordamerikas. Dank der abgelegenen Lage ist die Natur weitgehend ungestört – ideal für Abenteurer und Outdoor-Fans.

Typische Yukon-Atmosphäre

Tag 1: Whitehorse

Whitehorse als größte Stadt des Yukon Territory bietet viel Sehenswertes für den ersten Tag, beispielsweise den Miles Canyon oder Kanutouren auf dem Fluss (mehr siehe Route 7).

Tage 2 und 3: Auf zu den Goldsuchern!

Nach einem langen Fahrtag ist Dawson City erreicht. In der Metropole der Goldgräber unbedingt den Schwimmbagger Dredge No. 4 und das Museum Claim 33 besuchen. Vor der Fahrt über den berühmten Highway sollten Reisende unbedingt nochmals ihre Lebensmittel- und Spritvorräte auffüllen sowie das Fahrzeug checken. Und wie wäre es beispielsweise mit einem abendlichen Abstecher zur Cancan Show und zum Glücksspiel in der Diamond Tooth Gerties Gambling Hall?

Tag 4: Gen Norden

Heute startet das Abenteuer! 40 Kilometer südlich von Dawson City zweigt der Dempster Highway vom Klondike Highway ab. Hier existiert mittlerweile sogar eine Tankstelle, mindestens ebenso wichtig wie der Fotostopp beim Kilometerschild Null des legendären Highway. Erstes Highlight schon nach gut 70 Kilometern ist der Tombstone Provincial Park, der auf dem Rückweg besucht wird. Mit dem 1289 Meter hohen North Fork Pass –

Unterwegs zum Tombstone Territorial Park

sehenswerter Blick auf den Tombstone Mountain inklusive – ist die Baumgrenze erreicht. Die Route führt weiter durch alpine Landschaften. Das Örtchen Eagle Plains bei Kilometer 370 bietet sich zum Übernachten an.

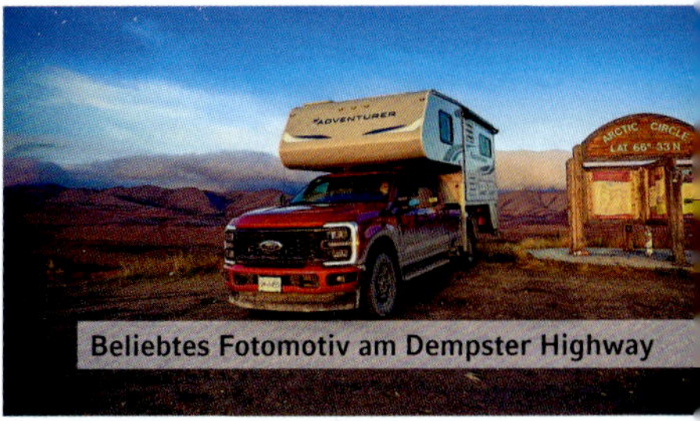

Beliebtes Fotomotiv am Dempster Highway

Tage 5 bis 7: Sehnsuchtsziel Inuvik

Von dort sind es nur 35 Kilometer, ehe der Polarkreis überschritten wird. Jetzt haben Urlauber das Reich der Mitternachtssonne erreicht. Bei Kilometer 550 liegt der Versorgungspunkt Fort McPherson, bereits in den Northwest Territories. Dann sind es nur rund 180 Kilometer bis zum Ziel Inuvik. Zwischendurch unbedingt im Gwich'in Territorial Park anhalten.

Nach insgesamt 750 Kilometern auf dem Dempster Highway wirkt die größte Stadt nördlich des Polarkreises mit ihren gerade einmal gut 3000 Einwohnern wie eine Metropole. Für viele Globetrotter und Abenteurer steht das Örtchen ganz oben auf der Wunschliste. Inuvik fasziniert mit der abgelegenen Lage, der unvergleichlichen Natur und der Mitternachtssonne. Als wichtigste Sehenswürdigkeit gilt die Igloo Church – ein katholisches Gotteshaus in Iglu-Form. Das Inuvialuit Cultural Centre informiert über die Kultur und Geschichte der Region. Doch weit mehr als Sightseeing in der Stadt locken Ausflüge per Boot und Flugzeug – zu den unterschiedlichsten Zielen und Reisebudgets. Besonders lohnend: der erst 1992 gegründete und rund 750 Kilometer entfernte Aulavik National

Igloo Church in Inuvik

Park. Das Schutzgebiet auf Banks Island ist Heimat der weltweit größten Herde von Moschusochsen. Je nach Jahreszeit lassen sich auch Wölfe, Füchse und Karibus sowie Eisbären beobachten. In den Gewässern um die Insel sind regelmäßig auch Belugawale und Seehunde zu Gast. Ebenfalls von Inuvik aus ist der Tuktut Nogait National Park mit seinen großen Karibuherden zu erreichen. Das Schutzgebiet gehört den einheimischen Inuit, die auch organisierte Touren anbieten.

Wem Inuvik am Ende des Dempster Highway noch nicht abgelegen genug ist, steuert das 150 Kilometer weiter nördlich gelegene Tuktoyaktuk – bekannt auch als Tuk – am arktischen Meer an. Im Juli und August können Reisende hier Beluga-Wale beobachten wie in Churchill an der Hudson Bay. Weiteres Wahrzeichen ist die weltweit größte Ansammlung von Pingos, bizarr geformte Hügel auf dem Permafrostboden.

Tage 8 und 9: Tombstone Provincial Park

Nach drei Nächten in den Northwest Territories steht die Rückfahrt in den Yukon an. Wanderwege durch die zerklüftete Berglandschaft machen den Campingplatz im Tombstone Provincial Park so beliebt. Der 2193 Meter hohe Mount Tombstone erinnert mit seiner Spitze an einen Grabstein (Tombstone) und dient seit jeher als Orientierungspunkt. Zahlreiche Wanderwege mit Längen zwischen einer und sechs Stunden schlängeln sich durch den Park. Am Eingang lädt ein informatives Besucherzentrum zum Verweilen. Nach der langen Fahrt perfekt für eine Pause!

Tag 10: Historische Boomtown

Nach einem legendären Highway ist vor zwei Sehnsuchtspisten: Nach dem Dempster stehen nun die Highways Top of the World und Taylor an. Eagle in Alaska ist eines der am besten erhalten Goldgräberstädtchen. Das kleine Örtchen liegt am nördlichen Ende des Taylor Highway, nur einige Kilometer westlich der Grenze zwischen Kanada und Alaska, oberhalb des Yukon River. Einst galt Eagle als „Paris des Nordens". Ein Spaziergang führt zu historischen Gebäuden, beispielsweise zum Wickersham's Courthouse, zur City Hall, zur Log Church, zum Customs Building

Museum und zum Amundsen Park, wo eine Gedenktafel an den Besuch des Entdeckers Roald Amundsen erinnert. Floßfahrten von oder nach Eagle sind bis heute beliebt.

Tag 11: Tok

Das kleine Tok nahe zur Grenze zu Kanada ist ein beliebter Zwischenstopp.

Tok bietet sich Zwischenstopp an, um Vorräte und Sprit aufzufüllen.

Tag 12: Fairbanks

Für eine Pause lockt ein Besuch beim Weihnachtsmann im schmucken Örtchen North Pole. Fairbanks ist für Aktivitäten in der Mittsommersonne und als Ausgangsort für zahlreiche Ausflüge bekannt.

Bei Fairbanks

Der Denali National Park ist ...

... mit seiner einzigartigen Natur ...

Tage 13 bis 15: Denali National Park

Den bekanntesten Nationalpark Alaskas erkunden Urlauber am besten gleich auf drei Wegen: mit geführten Touren, Wanderungen und Rundflügen (mehr siehe Route 7).

... eine Ikone von Alaska.

Anchorage

Tage 16 und 17: Sightseeing und mehr

Die größte Stadt Alaskas punktet sowohl mit Museen (Alaska Experience Theatre oder Anchorage Museum) und Shopping im Einkaufszentrum 5th Avenue Mall sowie als Gateway für Outdoor-Erlebnisse in der Natur. Beliebt, wenn auch kostspielig, sind ein- oder mehrtägige Touren zur Bärenbeobachtung in den Katmai National Park. Imposant: die vielen startenden Wasserflugzeuge am Lake Hood.

Lake Hood

Wildlife am Eagle River

Extra-Tour:
Wer schon in Anchorage ist, sollte einen mehrtägigen Abstecher auf die Kenai Peninsula erwägen. Der Kenai Fjords National Park begeistert Tier- und Naturfreunde (mehr siehe Route 7).

Tag 18: Glenallen

Das Besucherzentrum des Wrangell-St. Elias National Park liegt nur wenige Minuten außerhalb des Ortes (mehr siehe Route 7).

Tag 19: Tetlin

Als Zwischenstopp Richtung Kanada bietet sich das Tetlin National Wildlife Refuge an. Hier lassen sich mehr als 150 Vogelarten sowie Elche, Karibus und Grizzlys beobachten.

Tage 20 bis 22: Kluane National Park

Der viertgrößte Nationalpark Kanadas ist ein Paradies für Naturfreunde und lässt sich zu Fuß, vom Kajak und aus dem Flugzeug erleben (mehr siehe Route 7).

Tetlin National Wildlife Refuge

Tag 23: Zurück nach Whitehorse

Nach letzten Touren in der Natur ist nachmittags wieder die Hauptstadt des Yukon erreicht.

Tag 24: Ende des Roadtrips

Heute muss leider wieder das Wohnmobil zurückgegeben werden!

INFO

Gesamtlänge: etwa 4800 Kilometer (24 Tage, 63 Stunden reine Fahrzeit)

Beste Jahreszeit: Mitte Juni bis September

An-/Abreise: Whitehorse kann per Umsteigeverbindung mit Air Canada, Condor oder Lufthansa erreicht werden, Anchorage wird von Condor nonstop ab Frankfurt/Main angeflogen.

Tipps:

- Reisen über den Dempster Highway sollten gut vorbereitet sein, die Planung besser auch Puffertage enthalten. Das Wetter kann hier schnell umschlagen und die beiden kurzen Fährpassagen, beispielsweise am Mackenzie River, für einige Tage unpassierbar werden lassen.
- Entlang der Strecke liegen mehrere Campingplätze. Unterkünfte und Tankstellen finden sich nur in Eagle Plains, Fort McPherson und Inuvik.
- Für die Einreise nach Alaska werden ein ESTA sowie das sogenannte I-94 Formular benötigt.
- Bei Grenzübertritten sollten Camper die Vorschriften für Lebensmittel und Feuerholz beachten.
- Ausgewählte staatliche Campgrounds im Yukon lassen sich mittlerweile (seit März 2024) reservieren, beispielsweise im Tombstone Territorial Park sowie der Wolf Creek Campground. Feuerholz ist im Preis inklusive.
- Anchorage bietet sich ebenfalls als Startpunkt an.

Tag	Distanz (Kilometer)	Tagesziel	Campingplatz
1	0	Whitehorse	Wolf Creek Campground: 15 Minuten entfernt; am Alaska Highway, *yukon.ca/en/outdoor-recreation-and-wildlife/camping/site/wolf-creek* Hi Country RV Park: drei Minuten von Whitehorse entfernt; am Alaska Highway, *hicountryrv.com*
2+3	553	Dawson City	Bonanza Gold Motel & RV Park: große Anlage knapp zwei Kilometer außerhalb; KM 712 Klondike Hwy, Dawson City, YT, *bonanzagold.ca* Yukon River Campground: am anderen Ufer des Yukon River, erreichbar per Fähre; am Top of the World Highway, *yukon.ca/en/outdoor-recreation-and-wildlife/camping/site/yukon-river-campground* Goldrush Campground: in der Innenstadt; 1207 Fifth Avenue, Dawson City, YT Y0B 1G0, *goldrushcampground.com*
4	409	Eagle Plains	Eagle Plains Hotel: einfache Anlage, teils mit Stromanschluss, mit Restaurant, schöne Aussicht; bei Kilometer 371; in Eagle Plains, *eagleplainshotel.ca*
5-7	365	Inuvik	Happy Valley Territorial Park: mit schönem Blick auf den Mackenzie River und die Richardson Mountains, mitten in der Stadt, teils mit Stromanschluss; im Happy Valley Territorial Park, *nwtparks.ca/explore/dempster-highway/happy-valley* Jàk Territorial Park: außerhalb, mit Aussichtsturm zur Vogelbeobachtung, teils mit Stromanschluss; im Jàk Territorial Park, *nwtparks.ca/find-a-park/jak-territorial-park*
8+9	663	Tombstone Territorial Park	Tombstone Mountain Campground: nahe zum Besucherzentrum; Tombstone TP, *yukon.ca/en/outdoor-recreation-and-wildlife/camping/site/tombstone-mountain*

Tag	Distanz (Kilometer)	Tagesziel	Campingplatz
10	340	Eagle	Eagle Campground: fußläufig zum Ort, auf BLM-Land; Campground Road, Eagle, AK 99738, *blm.gov/visit/eagle-campground*
11	263	Tok	Sourdough Campground & Cafe: jeden Abend gemeinschaftliches Lagerfeuer; 1 Prospector Way, Tok, AK 99780, *sourdoughcampground.com*
12	325	Fairbanks	Chena River State Recreation Area: außerhalb der Stadt; Chena River State Recreation Area, *alaskastateparks.reserveamerica.com/camping/chena-river-state-recreation-area/r/campgroundDetails.do?contractCode=AK&parkId=1180178#sr_a*
13-15	195	Denali National Park	Riley Creek Campground: am Parkeingang; am Denali NP, *reservedenali.com/camping/campground-information*
16+17	383	Anchorage	Golden Nugget RV Park: große Anlage mit 215 Stellplätzen, nahe zu Walmart und Innenstadt; 4100 DeBarr Road, Anchorage, AK 99508, *goldennuggetrvpark.com* Eagle River Campground: einige Kilometer nördlich von Anchorage, keine Reservierungen möglich; Chugach State Park, *dnr.alaska.gov/parks/aspunits/chugach/eaglerivercamp.htm*
18	290	Glenallen	Northern Nights Campground: nahe zum Besucherzentrum des Wrangell-St. Elias National Park & Preserve; Mile Post 188.7, Glenn Hwy #1, Glennallen, AK 99588, *northernnightscampground.com*
19	355	Tetlin National Wildlife Refuge	Deadman Lake Campground: mit Aussichtsplattform; Tetlin National Wildlife Refuge, *fws.gov/refuge/tetlin/visit-us/activities/camping*

Tag	Distanz (Kilometer)	Tagesziel	Campingplatz
20-22	230	Kluane Lake	Congton Creek Campground: direkt am Kluane Lake; am Alaska Highway im Kluane NP, *yukon.ca/en/outdoor-recreation-and-wildlife/camping/site/congdon-creek-campground* Kathleen Lake Campground: am gleichnamigen See, gilt als einer der schönsten Campingplätze in ganz Kanada; im Kluane NP, *parks.canada.ca/pn-np/yt/kluane/visit/services/kathleen* Pine Lake Campground: bei Haines Junction; am Alaska Highway, *yukon.ca/en/outdoor-recreation-and-wildlife/camping/site/pine-lake*
23	260	Whitehorse	Wolf Creek Campground: 15 Minuten von Whitehorse entfernt; am Alaska Highway, *yukon.ca/en/outdoor-recreation-and-wildlife/camping/site/wolf-creek* Hi Country RV Park: drei Minuten von Whitehorse entfernt; am Alaska Highway, *hicountryrv.com*
24	0	Whitehorse	Rückgabe des Wohnmobils

Scheinbar unendliche Weiten im hohen Norden

Carmacks
Faro
YUKON
Whitehorse
Carcross
Teslin Lake
Watson Lake
Skagway
Galbraith
Fort Halkett
Nelson Forks
Nakina
Boya Lake PP
Toad River Post
Fort Nelson
Chateh
Juneau
Dease Lake
Rainbow Lake
Telegraph Creek
KANADA
Hoonah
Tatogga Lake
Sitka
Nig Creek
McConnell Creek
Petersburg
USA
ALASKA
Wrangell
Fort St. John
Fairview
Hudson's Hope
Stewart
Hazelton
Grande Prairie
Mackenzie
Ketchikan
Woodcock
BRITISH COLUMBIA
Prince Rupert
Prince George
Kitimat
Vanderhoof
Hartley Bay
Quesnel
Klemtu
Valemount
Bella Coola
Williams Lake
Bella Bella
100 Mile House
Port Hardy
Kamloops
Whistler
Kelowna
Courtenay
Vancouver
Victoria
Omak
USA
0
300 km

Roadtrip 10: Endlose Natur am Stewart-Cassiar Highway

Ab Vancouver durch British Columbia bis nach Whitehorse im Yukon

Abseits der üblichen Pisten erkunden Reisende zwischen Vancouver und Whitehorse eine Region, die so typisch für Kanada ist – und dennoch bei Weitem nicht so bekannt ist wie andere Ziele. Der 570 Kilometer lange Stewart-Cassiar Highway führt gen Norden bis zur Kreuzung des Highway 37 mit dem legendären Alaska Highway. Unterwegs passieren Reisende sehenswerte Schutzgebiete, beobachten typisch kanadisches Wildlife, bekommen Einblick in die Kultur der First Nations und reisen in die Zeit der Goldsucher und Pioniere. Ein faszinierender Roadtrip für alle, die nicht den üblichen Routen durch das westliche Kanada folgen wollen.

Tag 1: Start in Vancouver

Von der Station des Wohnmobilverleihers ist es nicht weit zum Burnaby Cariboo RV Park Vancouver. Dieser liegt so verkehrsgünstig, dass man nachmittags und abends noch einmal Downtown erkunden kann.

Blick auf den Stanley Park und die Skyline von Vancouver

Tag 2: Bergpanorama

Der Sea-to-Sky Highway begeistert mit vielen Fotostopps und Wanderungen sowie Aussichtspunkten. Besonders beliebt: die auf rund 1000 Metern gelegene Plattform der Sea to Sky Gondola.

Whistler wurde als Wintersportort bei den Olympischen Spielen in Vancouver 2010 bekannt (mehr siehe Route 1).

Tag 3: 100 Mile House

Das kleine Örtchen mit seinen verstreut liegenden Häusern entstand als Goldgräbersiedlung. Heute ist es dank der vielen Seen ein beliebtes Erholungsziel. In frühere Zeiten tauchen Reisende im sehenswerten Museumsdorf 108 Mile Heritage House ein.

Tag 4: Prince George

Das nächste Ziel wirkt fast wie eine Großstadt – schließlich ist Prince George mit 75.000 Einwohnern der wichtigste Ort im nördlichen British Columbia. Beliebteste Attraktion ist die frühere Handelsstation Fort George Park. Interessant sind auch die Ausstellungen im Exploration Place und im Central BC Railway & Forestry

Abseits der üblichen Routen in British Columbia

Museum. Zuweilen werden Zugfahrten mit historischen Dampflokomotiven angeboten. Für einen Ausflug ins Grüne bietet sich ein Spaziergang durch den Cottonwood Island Nature Park mit 300 Jahre alten Schwarzpappeln an. Rund 40 Kilometer außerhalb liegt das historische Anwesen Huble Homestead.

Extra-Tour:
Bei viel Zeit unbedingt für einen Tag von Prince George zum Ancient Forest/Chun T'oh Whudujut Park fahren. Hier erkunden Reisende uralte Bäume in einem Binnenregenwald (mehr siehe Route 2).

Tag 5: Historie

Wer sich für Geschichte interessiert, macht bei der Weiterfahrt nach Norden einen Abstecher zur früheren Pelzhandelsstation Fort St. James National Historic Site. Das Tagesziel Hazelton liegt malerisch am Skeena River, am Fuße der Coast Mountains, und erinnert an die Zeit der Pioniere. Bekannt ist zudem das 'Ksan Historical Village, das ein Museum zur Geschichte der Gitxsan First Nation und zugleich ein Kulturzentrum der indigenen Bevölkerung ist.

Tag 6: Stewart

Die Gitwangak Battle Hill National Historic Site (ehemals Kitwanga Fort) zählt zu den beeindruckendsten historischen Stätten. Zudem genießen Reisende einen weiten Blick auf das Tal des Kitwanga River und eine hohe grasbewachsene Anhöhe. Im Gitwangak Village finden sich zahlreiche majestätische Totempfähle, die wohl älteste Sammlung dieser Art in British Columbia. Der Fish Creek ist bei Anglern beliebt. Über die Geschichte der Bergbauregion informiert das Stewart Museum.

Rund um Stewart

Extra-Tour:
Für Bären- und Lachsbeobachtungen ist der Nachbarort Hyder jenseits der US-Grenze in Alaska bekannt (je nach Jahreszeit).

Tag 7: Von See zu See

Jetzt führt der Highway 37 entlang malerischer Berglandschaften und Seen. Vom Kinaskan Lake Provincial Park genießen Reisende einen Panoramablick, vom Natadesleen Lake kommt man wiederum per Kanu zur Wanderung zu den Cascade Falls. Tagesziel ist der Tatogga Lake. Von hier aus werden Rundflüge über den Mount Edziza Provincial Park angeboten.

Tag 8: Dease Lake

Wer eher an einem Reitausflug interessiert ist, wird weiter nördlich in 40 Mile Flats glücklich. Später ist das Etappenziel Dease Lake mit ein paar Hundert Einwohnern erreicht, 1838 als Handelsposten der Hudson's Bay Company gegründet und einst Teil der wichtigen Transportroute für Händler und Trapper in den Norden. In den 1860er-Jahren war der Ort Schauplatz eines mächtigen Goldrauschs. Heute ist Dease Lake Versorgungszentrum für die Region und Ausgangsort für Wanderer und Wassersportler, vor allem zum Rafting auf dem Dease River.

Am Dease Lake

Tage 9 und 10: Ein Traum von See

Der Tā Ch'ilā Park (vormals Boya Lake Provincial Park) liegt inmitten einer Berglandschaft und begeistert mit dem klaren Boya Lake. Dazu sind die Campingmöglichkeiten landschaftlich reizvoll – ideal für eine längere Pause. Den See mit seinen vielen Inseln und Buchten erkunden Besucher am besten per Kanu oder Kajak. Auf den kurzen Wanderwegen stehen die Chancen gut, Elche und Biber zu sichten, ebenso Bergziegen und Karibus sowie Wasservögel. Auf dem Weg dorthin bietet sich ein Stopp in Jade City an: bekannt für Souvenirs aus Jade.

Tag 11: Watson Lake und Teslin Lake

Heute ist das Yukon Territory erreicht. Kurz hinter der Grenze lohnt ein kurzer Abstecher gen Osten nach Watson Lake. Das Northern Lights Centre bietet eine interaktive Ausstellung zu den funkelnden Polarlichtern. Jetzt folgt die Route dem Alaska Highway – mit einer Panoramaaussicht auf die weite Landschaft und den See. Im George Johnston Museum bekommen Reisende einen kulturgeschichtlichen Überblick zur Region – inklusive der indigenen Bevölkerung und der Pioniere des Goldrauschs.

Tag 12: Whitehorse

Auf der Weiterfahrt genießen Reisende typische Yukon-Landschaft mit vielen Seen, ehe mittags die größte Stadt im Yukon das Endziel ist (mehr siehe Route 7).

Tag 13: Rückgabe

In Whitehorse heißt es Abschied nehmen vom rollenden Eigenheim – oder Vorräte auffüllen für eine Verlängerung.

Möglichkeiten zur Verlängerung:

Diese Route lässt sich gut mit einer Rundfahrt zu den Highlights im Yukon und in Alaska (siehe Roadtrip 7) oder einem abenteuerlichen Roadtrip über den Dempster Highway (siehe Roadtrip 9) verbinden. Und wer nur drei Tage Zeit hat, steuert zumindest den nahen Kluane National Park an!

Tag	Distanz (Kilometer)	Tagesziel	Campingplatz
1	15	Vancouver	Burnaby Cariboo RV Park Vancouver: gute Verkehrsanbindung fürs Sightseeing, mit Hallenbad; 8765 Cariboo Place, Burnaby, BC V3N 4T2, *bcrv.com*
2	121	Whistler	Whistler Olympic Park RV & Campground: 2024 neu eröffnet, im Olympia Park mit Blick auf Skisprunganlagen; 1500 Callaghan Road, Whistler, BC V0N 1B0, *whistlersportlegacies.com/whistler-olympic-park/whistler-olympic-park-rv-campground* Whistler RV Park and Campgrounds: 20 Autominuten südlich von Whistler; 55 BC-99, Whistler, BC V8E 0C5, *whistlerrvpark.com* Riverside Parkbridge Camping & RV Resort: sechs Minuten nördlich; 8018 Mons Road, Whistler, BC V8E 1K6, *parkbridge.com/en/resort/resort-detail/riverside*
3	306	100 Mile House	Cariboo Bonanza Resort: direkt am Horse Lake, viele Aktivitäten, außerhalb des Ortes; 6384 Watson Road, Lone Butte, BC V0K 1X3, *cariboobonanza.com*
4	330	Prince George	Blue Cedars RV Park: große Anlage nahe zur Innenstadt; 4433 Kimball Road, Prince George, BC V2N 5N7, *bluecedarsrvpark.com* Salmon Valley Campground: am Salmon River, 25 Minuten nördlich der Stadt; 3865 Salmon Valley Road, Prince George, BC V2K 5X3, *salmonvalleycampground.com*
5	445	Hazelton	'Ksan Campground: direkt am Museumsdorf; 1450 Ksan Road, 'Ksan, BC V0J 1Y0, *ksancampground.ca*
6	267	Stewart	Rainey Creek Campground: 8th Avenue, Stewart, BC V0T 1W0, *campspot.com/book/rainey-creek-campground*
7	293	Tatogga Lake	Tatogga Lake Resort: direkt am Highway, mit Restaurant; am Tatogga Lake, *tatogga.ca*

Tag	Distanz (Kilometer)	Tagesziel	Campingplatz
			Red Goat Lodge Campground: einige Kilometer weiter nördlich, mit Kanuverleih und Wasserflugservice; am Eddontenajon Lake, *redgoatlodge.ca*
8	100	Dease Lake	Dease Lake RV Park: am Ortseingang; 48766 Stewart-Cassiar Hwy, Stikine Region, BC V0C 1L0
9+10	153	Boya Lake	Tā Ch'ilā Park (vormals Boya Lake Provincial Park): Stellplätze direkt am See, Reservierungen möglich; im Tā Ch'ilā Park, *bcparks.ca/ta-chila-park-aka-boya-lake-park/#park-camping*
11	339	Teslin Lake	Teslin Lake Government Campground: zwischen See und Highway; 60 Alaska Hwy, Yukon Y0A 1B0, *travelyukon.com/en/see-and-do/experience-providers/teslin-lake-campground*
12	164	Whitehorse	Wolf Creek Campground: 15 Minuten von Whitehorse entfernt; am Alaska Highway, *yukon.ca/en/outdoor-recreation-and-wildlife/camping/site/wolf-creek* Hi Country RV Park: drei Minuten von Whitehorse entfernt; am Alaska Highway, *hicountryrv.com*
13	0	Whitehorse	Rückgabe des Wohnmobils

INFO

Gesamtlänge: rund 2500 Kilometer (13 Tage; 29 Stunden reine Fahrzeit)

Beste Jahreszeit: Mai bis September

An-/Abreise: Vancouver ist täglich von Deutschland nonstop erreichbar, Whitehorse kann per Umsteigeverbindung mit Air Canada, Condor oder Lufthansa erreicht werden.

Die Schönheit Kanadas genießen Reisende am besten bei einem Roadtrip mit dem Wohnmobil.

ANHANG

ANHANG

Notfallnummern

Zentrale Notrufnummer	911
Straßenverhältnisse und -sperrungen	511
Deutsche Botschaft in Ottawa *canada.diplo.de/ca-de*	+1 613 232 1101 (Telefonnummer für Notfälle außerhalb der Öffnungszeiten: +1 416 953 3817)
Kreditkartensperrung (zentrale Notrufnummer)	+49 30 4050 4050

Hilfreiche Websites und Apps

Zahlreiche digitale Helfer machen heutzutage das Reisen viel einfacher - hier eine Übersicht nützlicher Website und Apps, beispielsweise zu Benzinpreisen und Wanderwegen (für Campingplätze: siehe Kapitel 9, Campingplatz finden).

Name	Funktion	Website	iOS	Android	Kostenlos?
Destination Canada	Offizielle Website zum Urlaubsland Kanada mit Informationen zu allen Regionen, teils auch in Deutsch	*travel.destination-canada.com/de-de*	–	–	✓
Parks Canada	Informationen zu den Nationalparks sowie den National Historic Sites und National Marine Conservation Areas	*parks.canada.ca*	✓	✓	✓

Name	Funktion	Website	iOS	Android	Kostenlos?
GasBuddy	Zeigt Tankstellen und aktuelle Spritpreise an	*gasbuddy.com*	✓	✓	✓
Womo-Abenteuer	Viele Tipps (Routenplanung etc.) und Forum für Fragen für Wohnmobilreisen in Nordamerika	*womo-abenteuer.de*	–	–	✓
Maps.me	Alternative zu Google Maps, auch offline nutzbar	*maps.me*	✓	✓	teilweise
Alltrails	Wanderwege	*alltrails.com/de/canada*	✓	✓	✓

Tipp: Manche Wohnmobilverleiher bieten eigene Apps an, beispielsweise CanaDream.

Icefields Centre RV Campground: Stellplatz mit sensationellem Bergpanorama

Packliste

- Reisepass
- Führerschein und ADAC-Mitgliederkarte
- Kreditkarten
- Reiseunterlagen wie Voucher fürs Wohnmobil
- Kopien von Dokumenten (Ausdruck und/oder in der Cloud bzw. einer Mail)
- Persönliche Arzneimittel
- Sonnenbrille plus Ersatzbrille
- Smartphone (samt Ladekabel plus ggf. Powerbank)
- Trinkflasche
- Erste-Hilfe-Set
- Fotoausrüstung (samt Ladegeräten und ausreichend Speicherkarten)
- Steckdosenadapter plus Mehrfachsteckdose
- Bei Familien: Spielzeug für den Nachwuchs
- Kartenspiele etc.
- Sonnencreme
- Kopfbedeckung
- Geschirrtücher
- Handtücher
- Badelatschen
- Drahtbügel und Wäscheklammern
- Panzertape
- Ggf. gutes Messer und Multitool (ins Aufgabegepäck!)
- Ggf. Navigationsgerät (falls von früheren Kanada-Reisen vorhanden)

Wohnmobil-Wörterbuch: Englisch-Deutsch

Englisch	Deutsch
A/C Aircondition	Klimaanlage
AAA („Triple A")	American Automobile Association (amerikanischer Automobilclub, vergleichbar dem ADAC)
Accelerator pedal	Gaspedal
Accident	Unfall
Additional driver	Zusatzfahrer
Alternator	Lichtmaschine
Automatic transmission	Automatikgetriebe
Awning	Markise
Black water	Abwasser aus der Toilette
Booster cable	Starthilfekabel
Brakes	Bremsen
Breakdown	Panne
Cereals	Cornflakes, Müsli
Chassis	Fahrgestell
Chocks/levelling blocks	Unterlegkeile
Clearance	Durchfahrthöhe (Brücken, Tankstellen etc.)
Clothesline	Wäscheleine
Corn cobs	Maiskolben
Crossing	Kreuzung
Cruise control	Tempomat
Dinette	Sitzgruppe
Dishwashing soap	Geschirrspülmittel
Drivers Licence	Führerschein
Dryer	Wäschetrockner
Dump station	Entsorgungsstation für Abwasser
Engine	Motor
Engine hood	Motorhaube

Englisch	Deutsch
Engine oil	Motoröl
Engine temperature	Motortemperatur
Exhaust	Auspuff
Exterior mirrors	Außenspiegel
Fading	Nachlassende Bremskraft wg. überhitzender Bremsen
Farmer's bread	Schwarzbrot
Flash flood	Sturzflut
Flat tire	Reifenpanne
Flour	Mehl
Foil	Alufolie
Fresh water	Frischwasser
Fridge, refridgerator	Kühlschrank
Fuel (Unleaded)	Benzin (bleifrei)
Full Hook-up	Volle Ausstattung am Stellplatz am Campingplatz (Strom, Frischwasser, Abwasser etc.)
Gas detector	Gasmelder
Gas station	Tankstelle
Gas tank	Gastank/Benzintank
Generator	Generator
Grey water	Abwasser aus Dusche und Küche
Ham (sliced)	Schinken (in Scheiben)
Handbrake	Handbremse
Hazard warning lights	Warnblinkanlage
Height adjustable steering wheel	Höhenverstellbares Lenkrad
Hitchhiker	Anhalter
Honey	Honig
Hot water boiler	Warmwasserboiler
Jam	Marmelade
Laundry	Wäscherei

Englisch	Deutsch
Levelling	Austarieren des Wohnmobils (ggf. mit Unterlegkeilen)
Liability	Haftung
Lifting roof	Hubdach
LPG	Propangas
Matches	Streichhölzer
Merge	Reißverschlussverfahren, wenn zwei Spuren zusammengeführt werden
Mile post	Meilenpfosten an Schnellstraßen (z.B. am Alaska Highway)
Monitor	Kontrollpanel für Wasser, Strom etc.
Oil level	Ölstand
Oil temperature/Oil pressure	Öltemperatur/Öldruck
Oven	Ofen
Overdrive	Zusatzgang beim Getriebe
Overflow parking	(einfacher) Zusatzparkplatz, wenn der eigentliche Campingplatz ausgebucht ist
Power connection	Stromanschluss
Power steering	Servolenkung
Preparation Fee	Bereitstellungsgebühr
Propane	Propangas
Pull-thru Site	Stellplatz zum Durchfahren
Radiator (engine)	Kühler (Motor)
Radiator fluid	Kühlerflüssigkeit
Rear lights	Rücklichter
Rear view camera	Rückfahrkamera
Rear view mirror	Rückspiegel
Rubber gloves	Gummihandschuhe
RV (Recreational vehicle)	Wohnmobil, Camper
Saccharin	Süßstoff
Scenic Routes	Besonders schöne Strecken

Englisch	Deutsch
Self-contained	Selbstversorger (Dusche und Toilette an Bord)
Sewer	Abwasser(-schlauch)
Shoulder	Randstreifen, oftmals geschottert
Shower	Dusche
Sink	Spüle bzw. Waschbecken
Site	Stellplatz auf Campingplatz
Smoke detector	Rauchmelder
Soap	Seife
Speeding	Zu schnelles Fahren (Überschreiten der Höchstgeschwindigkeit)
Spices	Gewürze
Stove	Herd
Tire pressure	Reifendruck
Toll	Maut
Turnpike/Toll road	Mautpflichtige Straße (von Privatunternehmen betrieben)
Turn signal	Blinker
U-Turn	180-Grad-Wende
Vinegar	Essig
Washing powder	Waschpulver
Waste separation	Mülltrennung
Whole wheat bread	Vollkornbrot
WiFi	WLAN
Yield	Vorfahrt gewähren

Wohnmobil-Wörterbuch: Deutsch-Englisch

Deutsch	Englisch
180-Grad-Wende	U-Turn
Abwasser aus der Toilette	Black Water
Abwasser aus Dusche und Küche	Grey water
Abwasser(-schlauch)	Sewer
Alufolie	Foil
Anhalter	Hitchhiker
Auspuff	Exhaust
Außenspiegel	Exterior mirrors
Austarieren des Wohnmobils (ggf. mit Unterlegkeilen)	Levelling
Automatikgetriebe	Automatic transmission
Benzin (bleifrei)	Fuel (Unleaded)
Bereitstellungsgebühr	Preparation Fee
Besonders schöne Strecken	Scenic routes
Blinker	Turn signal
Bremsen	Brakes
Cornflakes, Müsli	Cereals
Durchfahrthöhe (Brücken, Tankstellen etc.)	Clearance
Dusche	Shower
Entsorgungsstation für Abwasser	Dump station
Essig	Vinegar
Fahrgestell	Chassis
Frischwasser	Freshwater
Führerschein	Drivers licence
Gasmelder	Gas detector

Deutsch	Englisch
Gaspedal	Accelerator pedal
Gastank	Gas tank
Generator	Generator
Geschirrspülmittel	Dishwashing soap
Gewürze	Spices
Gummihandschuhe	Rubber gloves
Haftung	Liability
Handbremse	Handbrake
Herd	Stove
Höhenverstellbares Lenkrad	Height adjustable steering wheel
Honig	Honey
Hubdach	Lifting roof
Klimaanlage	A/C Aircondition
Kontrollpanel für Wasser, Strom etc.	Monitor
Kreuzung	Crossing
Kühler (Motor)	Radiator (engine)
Kühlerflüssigkeit	Radiator fluid
Kühlschrank	Fridge, refridgerator
Lichtmaschine	Alternator
Maiskolben	Corn cobs
Markise	Awning
Marmelade	Jam
Maut	Toll
Mehl	Flour
Motor	Engine
Motorhaube	Engine hood
Motoröl	Engine oil
Motortemperatur	Engine temperature

Deutsch	Englisch
Mülltrennung	Waste separation
Nachlassende Bremskraft wg. überhitzender Bremsen	Fading
Ofen	Oven
Ölstand	Oil level
Öltemperatur/Öldruck	Oil temperature/Oil pressure
Panne	Breakdown
Propangas	LPG, Propane
Randstreifen	Shoulder
Rauchmelder	Smoke detector
Reifendruck	Tire pressure
Reifenpanne	Flat tire
Rückfahrkamera	Rear view camera
Rücklichter	Rear lights
Rückspiegel	Rear view mirror
Schinken (in Scheiben)	Ham (sliced)
Schwarzbrot	Farmer's bread
Seife	Soap
Selbstversorger (Dusche und Toilette an Bord)	Self-contained
Servolenkung	Power steering
Sitzgruppe	Dinette
Spüle bzw. Waschbecken	Sink
Starthilfekabel	Booster Cable
Stellplatz auf Campingplatz	Site
Stellplatz zum Durchfahren	Pull-thru Site
Streichhölzer	Matches
Stromanschluss	Power connection

Deutsch	Englisch
Sturzflut	Flash flood
Süßstoff	Saccharin
Tankstelle	Gas station
Tempomat	Cruise control
Unfall	Accident
Unterlegkeile	Chocks/levelling blocks
Vollkornbrot	Whole wheat bread
Vorfahrt gewähren	Yield
Warmwasserboiler	Hot water boiler
Warnblinkanlage	Hazard warning lights
Wäscheleine	Clothesline
Wäscherei	Laundry
Wäschetrockner	Dryer
Waschpulver	Washing powder
WLAN	WiFi
Wohnmobil, Camper	RV (Recreational vehicle)
Zu schnelles Fahren (Überschreiten der Höchstgeschwindigkeit)	Speeding
Zusatzfahrer	Additional driver
Zusatzgang beim Getriebe	Overdrive

Wichtige Hinweise zur Sicherheit

Wir möchten Sie darauf aufmerksam machen, dass bei der Nutzung dieses Reiseführers bestimmte Risiken bestehen können, die im Zusammenhang mit den beschriebenen Aktivitäten und Attraktionen stehen. Bitte beachten Sie daher die folgenden Hinweise:

- **Umgang mit diesem Buch:** Beim Blättern können scharfkantige Papierbögen kleine Schnittverletzungen verursachen. Seien Sie vorsichtig.
- **Outdoor-Aktivitäten:** Wanderungen und Radtouren bergen Sturz- und Unfallgefahren. Prüfen Sie vor Ihrem Aufbruch den aktuellen Wetterbericht, da Wege bei Nässe schnell rutschig werden können.
- **Attraktionen und Sehenswürdigkeiten:** Befolgen Sie stets die Sicherheits- und Warnhinweise sowie Anweisungen der Betreiber vor Ort, um Gefahren zu vermeiden.
- **Aktualität der Informationen:** Die Angaben in diesem Buch wurden sorgfältig zusammengestellt, können jedoch Änderungen unterliegen. Überprüfen Sie Öffnungszeiten, Routenbeschreibungen und andere relevante Informationen vorab.
- **Unzureichende Vorbereitung:** Die Beschreibungen im Reiseführer dienen als Grundlage, ersetzen aber nicht eine gründliche Vorbereitung. Informieren Sie sich zusätzlich zu Schwierigkeitsgraden, Routen und notwendiger Ausrüstung.
- **Umwelt- und Tierschutz:** Nehmen Sie Rücksicht auf die Natur und vermeiden Sie Verhaltensweisen, die Flora und Fauna schädigen könnten. Begegnungen mit Wildtieren können potenziell gefährlich sein.
- **Überfüllung und Infrastruktur:** Beliebte Attraktionen können stark frequentiert sein, was Gedränge und Einschränkungen bei Sicherheitsmaßnahmen mit sich bringen kann. Planen Sie entsprechend.
- **Eigenverantwortung bei Empfehlungen:** Die im Buch enthaltenen Tipps und Empfehlungen garantieren keine absolute Sicherheit oder Eignung. Prüfen Sie vor Ort die Bedingungen und entscheiden Sie nach eigener Einschätzung.

Sollten Sie darüber hinaus potenzielle Gefahren feststellen, Beschwerden zur Produktsicherheit haben oder sollte es zu Unfällen oder Verletzungen in Zusammenhang mit unseren Produkten kommen, nehmen Sie bitte Kontakt mit uns auf.
Ansprechperson: Andreas Walter, Tel.: +49 (0)2104 5063-104
E-Mail: produktsicherheit@360grad-medien.de

Bildnachweis:

Alle Fotos Christian Dose bzw. Pixabay oder Unsplash - außer CANUSA S. 5 (Sabrina Kaufmann), 10 (Dagmar Sievers), 14 (Bennett Urhahn), 25 (Nicole Haarmann), 27 (Nicole Haarmann), 29 (Torben Kaufmann), 31 (Bennett Urhahn), 36 (Bennett Urhahn), 40 (Tilo Krause-Dünow), 50o li (Sandra Pallus), 54 (Sandra Pallus), 120 (Sophie Thiermann), 128 (Sandra Pallus), 178 (Nicole Haarmann), 179 (Torben Kaufmann), 217u (Nicole Haarmann) | Adobe Cover, S. 244 (TSchofield), 245, 246, 255 | Brucklacher, Eva (MSi) S. 186o | Canadream S. 19, 20, 86, 136 | Cruise America S. 49o re, 50o re, 50lo mi, 50u re, 51u li, 51 mi li, 51u re, 51o re | Fraserway S. 9, 12, 15, 42 (Ulf Kehlenbeck), 48, 49o li, 49u re, 50u li, 51o li, 52, 52o li (Marco Walter), 53, 60, 72, 94, 130, 142 (Jakob Zimmerli), 144 (Joost Winkens), 186u, 206 (Marco Heuber), 221u, 253 (Natalie Chan), 255o (Abigail Fuchten), 274 (Dominik Geiger) | Freepik S. 118, 254 (Wirestock) | Travel Manitoba S. 102, 116, S. 189, 190 (CHMR Shaw), 191 (May Contain Studio) | Walter, Martin (MSi) S. 163